NL

EN

Taal/ Spel

Spel is lichtheid, zo verwoordt René ten Bos het in dit cahier, en dat is precies wat het spreken en schrijven erover zo moeilijk maakt. Het is een bijzonder besef dat juist degenen van wie we menen te weten dat ze het 'echte' spelen verstaan - kinderen, de jeugd - vaak minder bedreven zijn met woorden. Daarmee is het voor hen ook lastiger de spelregels te erkennen, laat staan bewust te bevragen.

Kunnen spreken heeft een emancipe-rende werking. Het zet aan tot gees-telijke onafhankelijkheid; lang kind blijven doet dat geenszins. Het ontgroeien van de jeugd kan gezien worden als het je eigen maken van een set aan spelregels die je hande-lingsbekwaam maken: een serieus spel. Misschien is taal daarom een vereiste voor volwassenen om vrijuit te kunnen spelen.
We moeten op dezelfde regel zitten, willen we ons *on the same page* bevin-den. Enkel met de juiste leeshouding kunnen we waarden delen en voorkom je, al dan niet bewust, te worden . buitengesloten; buiten de regels van het spel te vallen.
Het spel begint met het lef mee te spreken, ondanks mogelijke misver-standen, en wordt serieus wanneer je het door en door kent. Anderzijds: hoe meer je weet en hoe onbewuster je de spelregels kent, hoe sneller je in dezelfde kuil valt.

Word/ Play

Play is lightness, as René ten Bos puts it in this publication, and that is exactly what makes it so hard to speak and write about. It is a precious appreciation that, of all people, the ones we believe to actually understand 'real' play – children, youth – are usually the ones who are less pro-ficient with words. This makes it all the more difficult for them to acknowledge the rules, leave alone to question them.

The ability to speak has an emancipating impact. It stimulates mental indepen-dence – contrary to staying a child for a long time. To outgrow one's youth can be considered as acquiring your own set of rules that determines your legal capaci-ty: a serious game. Perhaps that is why language is a prerequisite for adults to play freely.
We have to settle on the rules if we want to be on the same page. Only the proper interpretation allows us to share values and prevents us, deliberately or not, from being excluded; from falling outside the rules of the game.
Play begins with the courage to speak, re-gardless of possible misconceptions, and becomes serious as soon as you know it through and through. But then again: the more you know and the less aware you are of the rules, the faster you may fall in the same pit.

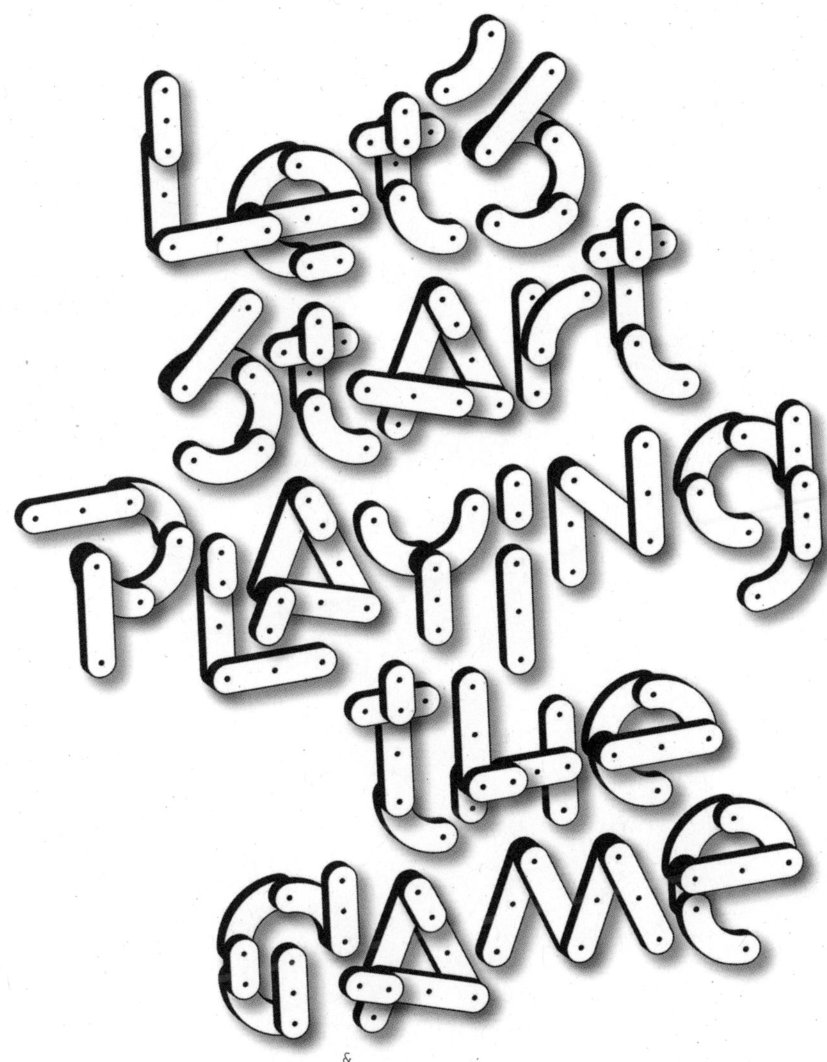

With

Veerle Devreese
Freek Lomme
René ten Bos
Petra van Brabandt
Laurence Scherz
Paul De Bruyne
Florian Schneider
Harvey Herman

&

Mireia c. Saladrigues
Aurélien Froment
John Körmeling
Ryan Gander
HeyHeydeHaas
Uglycute
Thomas Lommée
Studio Julien Carretero

Veerle Devreese

During a month of **HACK/PLAY** we will bring together different languages and ways of playing in de Brakke Grond. Light, serious, interactive, visual or verbal. We play them off against each other and pile them up. For a whole month we will be the playground where the boundaries of play can be investigated. We will involve others, with their own views, their own languages, their own roles. We explore our own space and the other's in

an attempt to determine the scope of play. Freek Lomme was invited as guest curator for the exhibition **LET'S START PLAYING THE GAME!** Our conversations provided the starting point for the involvement of designers, artists and thinkers who, in turn, would ask new questions - would look for conditions for independence and developing an independent outlook.

For a whole month, we will shake up the rules. We will be looking for that fearless state of mind that lets you experiment and let go of the rules or take them to the test. Hack slash play as confusion that allows for play. With the ability to speak as the enemy, the need to identify as a threat and puzzles as a way to escape them. We are just playing. We are just trying. A space for play, serious or light. Seriousness slash lightness. You can play if you like.

In de Brakke Grond brengen we tijdens **Hack/Play** een maand lang verschillende talen en manieren om te spelen samen. Licht, ernstig, interactief, visueel of verbaal. We spelen ze tegenover elkaar uit en stapelen ze op. Een volle maand zijn we de speelruimte om de grenzen van spel te onderzoeken. We betrekken er anderen bij met een eigen blik, een eigen taal, een eigen rol. We verkennen de eigen ruimte en die van de ander en proberen de reikwijdte van spel daarin te vatten.

Freek Lomme nodigden we uit als gastcurator van de expositie **Let's Start Playing The Game!** Onze gesprekken vormen de basis voor het betrekken van ontwerpers, kunstenaars en denkers om weer nieuwe vragen te stellen. Om te zoeken naar voorwaarden voor onafhankelijkheid en het vormen van een onafhankelijke blik.

Een maand lang schudden we de regels op. We zoeken naar de state of mind waarin je niet bang bent om te experimenteren en regels los te laten of te beproeven. Opschudding met beweging als minimale inzet, verwarring nog liever en nieuwe openingen als doel. Hack slash play als verwarring om te kunnen spelen. Met taligheid als vijand, de benoem-zin als dreiging en puzzels om er aan te ontkomen. We spelen maar. We proberen maar. Een plek voor ernstig of licht spel. Ernst slash licht. Speelt u maar.

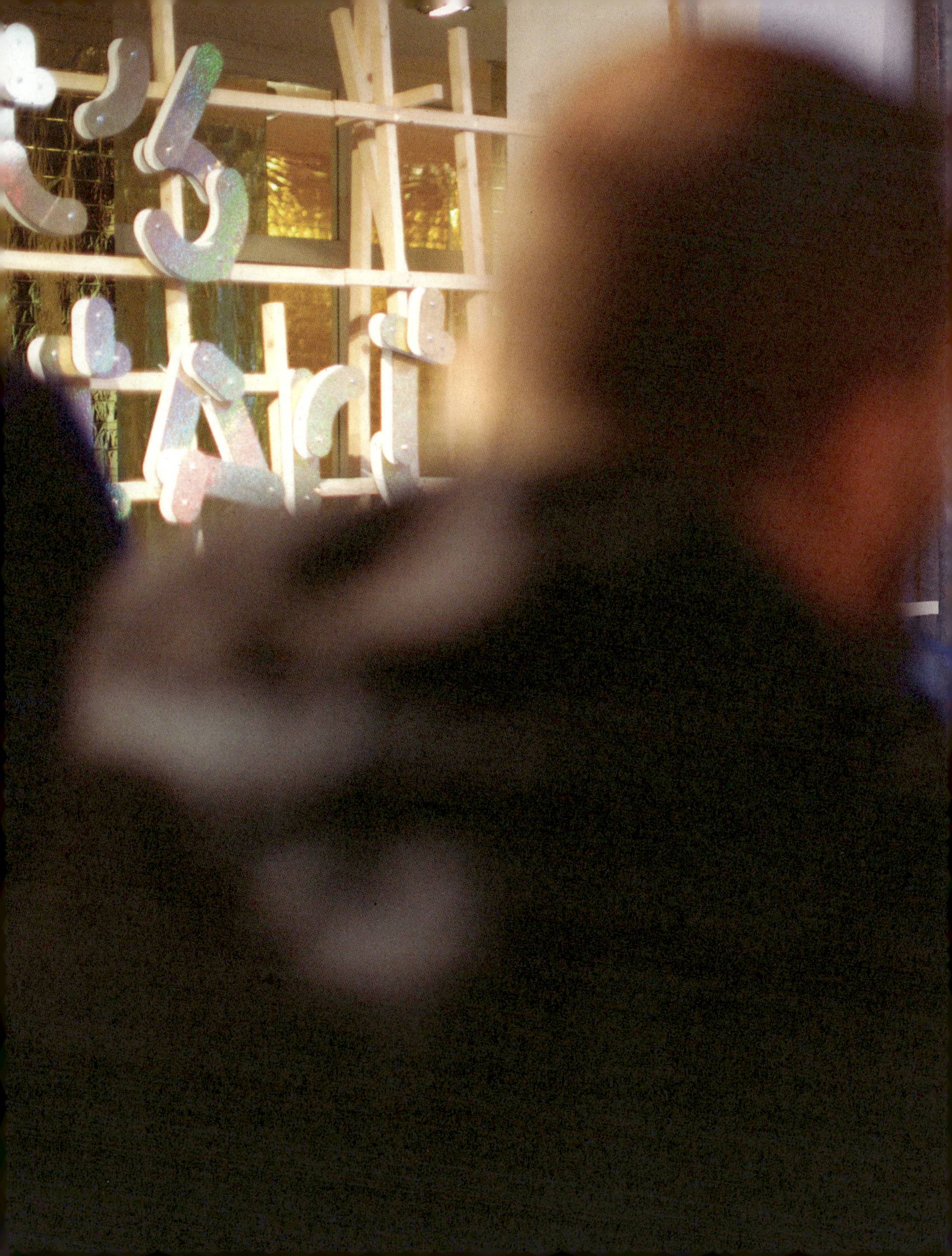

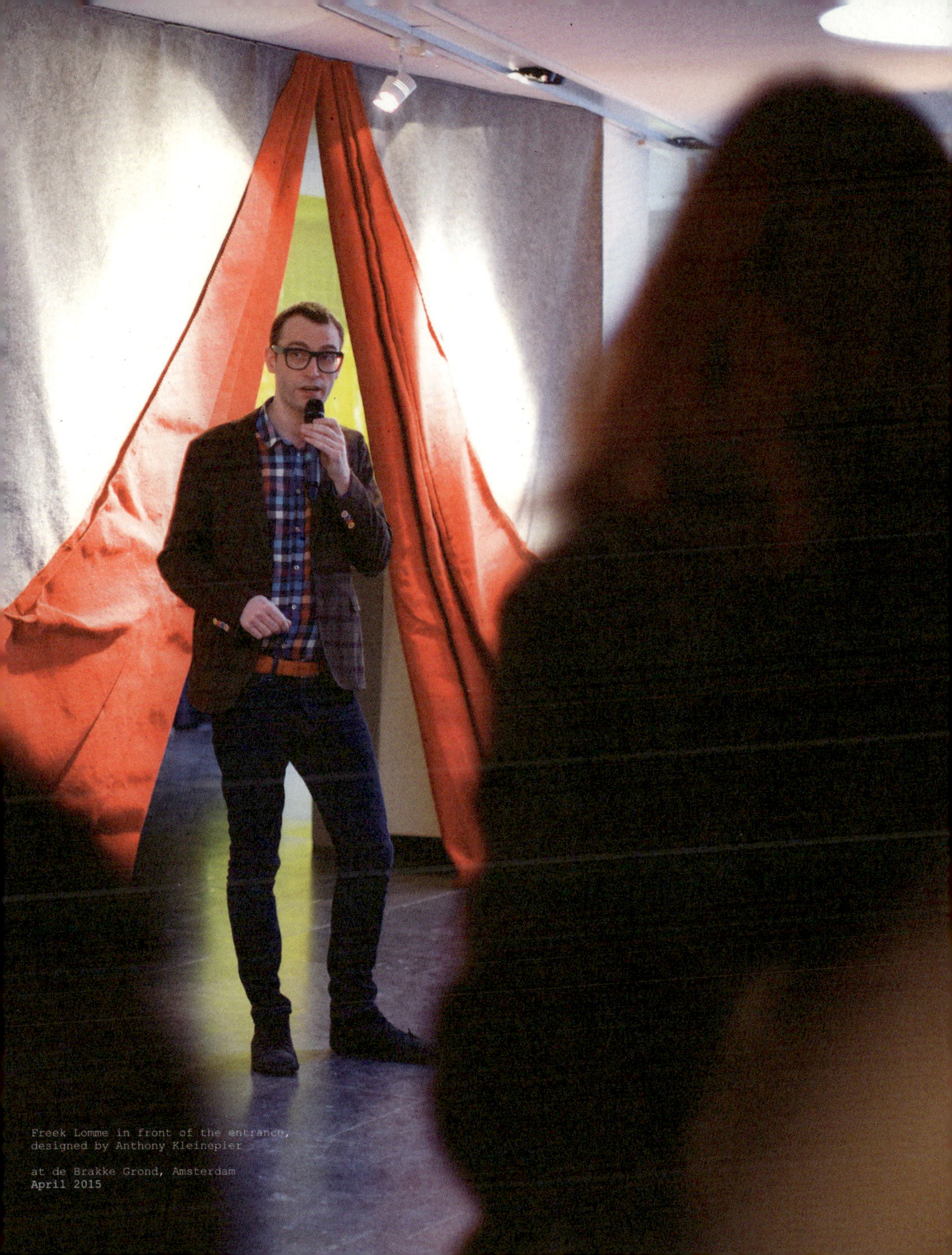

Freek Lomme in front of the entrance,
designed by Anthony Kleinepier

at de Brakke Grond, Amsterdam
April 2015

Freek Lomme

Rot op met je spel! Waar gaat deze reader over?

In de expositie **<u>LET'S START PLAYING THE GAME!</u>** schudden kunstenaars en bezoekers de vorm en de regels van het gezelschapsspel op. Want wanneer we innovatie en een open dialoog willen stimuleren, kan het spel niet alleen volgens de regels gespeeld worden. Een zekere mate van anarchie en tolerantie naar de regels is nodig om creativiteit en co-creatie te stimuleren. Zeker wanneer we dat goed willen doen.

In deze reader probeer ik, vanuit mijn rol als gastcurator van de expositie en in mijn rol als redacteur, u mee te nemen langs diverse perspectieven op spel als synoniem van maatschappelijk verkeer en als oefening in de kunst van het maatschappelijk verkeren: zo goed en zo kwaad als dat gaat en zou kunnen gaan. Het is fantastisch om de cultuur van nu te mogen beproeven. Daar is kunst voor. Hopelijk biedt het u uitdagende perspectieven, misschien zelfs daadwerkelijke inspiratie tot actie of wellicht gewoonweg enkele bijdehante slogans om aan een bar, thuis op de bank of elders met anderen te delen. In al deze gevallen zou het project door ons succesvol worden genoemd.

Meespelen in complexiteit van regels

'Heel veel regels zijn, gek genoeg, hetzelfde als geen regels' stelt <u>René ten Bos</u> in deze publicatie. Hij raakt hiermee aan de steeds complexer wordende samenleving waarin de spelregels, de gedragscodes waarin we normen en waarden manifesteren, onduidelijk worden. We leven in een steeds hoger technologische samenleving waarin de complexiteit niet alleen wat betreft de toegenomen rol van digitalisering, maar ook wat betreft de toegenomen organisatielagen toeneemt. In de diversificatie van wet- en regelgeving per maatschappelijk segment, heeft onze representatieve democratie, onze volksvertegenwoordiging het nakijken. Het enige wat de volksvertegenwoordiging rest, is populisme. Politiek als experience. Zo verworden we tot 'rollenspelers die uiterst gedifferentieerde functies uitoefenen waarvoor we diverse maskers opzetten en verschillende logica's, waarden en objectieven inzetten', aldus <u>Petra van Brabandt</u>: 'Onze plaats in de sociale realiteit is niet één en ondeelbaar'. Hierdoor, zo stelt ze, ontkent onze diepe wens naar eerlijkheid en authenticiteit de complexiteit van de moderne subjectiviteit. Hoe we goed spelen en hoe dit zich verhoudt tot de regels, is de uitdaging van dit project.

Wanneer het fout kan gaan…

Als het te moeilijk wordt om het spel goed te beheersen, gaan we snel corrupt. Dit betekent dat de wetten en regels een loopje nemen met de mensen die ze proberen na te leven en dat er soms door mensen een loopje wordt genomen met die wetten en regels.

<u>Florian Schneider</u> beschrijft in dit boek de opkomst van een cultuur van collaboratie; in het dagelijkse Engels *collaboration*: wat we in Nederlands samenwerking zouden noemen. We kennen collaboratie als het bereidwillig samenwerken met een partij waarmee geen normen en waarden gedeeld worden. Soms ontstaat een dergelijke collaborerende samenwerking zonder erg (wij wisten het niet) of uit pragmatisch zelfbehoud (de glijdende schaal van corruptie). We anticiperen op wat er mogelijk is. "Het rijk van het mogelijke", zo stelt <u>Paul De Bruyne</u>, 'is de comfort zone'. Schneider benadrukt dat er in collaboratie geen hiërarchieën bekritiseerd worden, moreel verworpen worden of als hypocriet worden afgedaan: het is

geen systeem van uitwisseling maar een systeem waarin positiebepaling in het geheel wordt afgedankt: collaboratie – als vorm van samenwerking – is het zwarte gat van de kenniseconomie.

Slava Koslov, die spellen maakt voor publieke en private opdrachtgevers, benadrukt dat de spelen voor deze markt zwaar rusten op individualistische en competitieve waarden; op verzoek en om mensen tot betere ondernemers te maken. Vaak raakt dit aan de vraag hoe de rek in de regels te zoeken: men noemt dat dan "creativiteit". Witte boordencriminaliteit, al dan niet intentioneel, bevindt zich in een zeer grijze zone van "creativiteit", met een zeer brede, dikke mist waarin de regels een maas laten vallen of waarin gedragscodes manipulatie mogelijk maken. De profijtelijke vruchten van een gebrek aan eerlijkheid, noodzakelijk voor een ethisch correct spel, en authenticiteit, noodzakelijk voor een moreel correct spel, worden soms al op jonge leeftijd geplukt (ontleend aan Van Brabandt).

Niemand gaat uit zichzelf aan de zijlijn staan met risico in precariteit te vervallen. 'Het bevragen van de regels die de sociale relaties structureren wordt niet aangeleerd' stelt Van Brabandt. Paul De Bruyne versterkt dit: 'spelen is de enige optie. Door het spel te spelen wordt een gevoel van werkelijkheid gecreëerd'. Zoals ook Arnon Grunberg benadrukt in het interview door Laurence Scherz, kunnen we niet functioneren zonder dat we ons aan regels onderwerpen. Hij stelt echter wel de vraag aan welke regels we ons niet moeten onderwerpen en of het relevant is de regels ter discussie te stellen.

Zijn er alternatieven?

Deze vraag is heftig. Is er in een complexe samenleving nog wel een vrije ruimte voor moraal en ethiek? Kunnen we een voorbeeld nemen aan de speelse vrijheid van het kind, of is er een coöperatiever vorm van samenleven mogelijk, zoals de participatiemaatschappij stelt?

Voor het jonge kind is spelen de realiteit, stelt Van Brabandt. Spelen is tevens socialiseren en internaliseren van regels, vanuit je omgeving. Socialiseren en disciplineren zijn dus twee kanten van één medaille. En inderdaad, zoals René ten Bos stelt, is dit kinderspel een lichtvoetigheid die slechts een zinsbegoocheling is: 'de mensen die echt bedreven zijn in spelen – baby's, kinderen, de jeugd in het algemeen – kunnen zich doorgaans niet goed schriftelijk of mondeling uitdrukken'. Wanneer volwassenen gaan spelen is dat niet in het "echt", maar in de "vrije tijd" en in specifiek daarvoor toegekende locaties (Van Brabandt). Het is een antidepressivum (De Bruyne). Als je zo vrij wilt zijn als een kind, doe je dat dus aan de leiband van de kapitalistische experience economie. Spelen voor volwassenen is daarmee in basis gedisciplineerd. Hier kunnen we een schijn van vrijheid afkopen, in de vorm van verstrooiing. We noemen die verstrooiing "welzijn".

Collaboratie, als vorm van samenwerking, is in een complexe samenleving inherent corrupt. Maar is coöperatie als vorm van samenwerking dat ook? Het heeft een directere reikwijdte en suggereert in haar kleinere schaal een grotere eenvoud van regels (Schneider). Coöperatie ontstaat wanneer vraag en aanbod samenkomen. Er is dus een afhankelijkheidsrelatie waaraan beide partijen gebonden zijn.

Alhoewel er een schijn van tenminste onderlinge en eventueel breder gerichte solidariteit is, noem het eventueel een goede intentie, is dit slechts een schijn waaronder effectieve discriminatie en exploitatie in stand worden gehouden. Afgezien van wat symbolische gebaren, lijkt er onder de disciplinerende wer-king van het complexe, technocratische kapitalistisch regime, geen ruimte voor moraliteit in het spel van volwassenen. Toch spreekt ook dit regime van een do-mein waarin volwassenen mogen spelen: binnen de creatieve economie! Want, zo poneert Paul De Bruyne retorisch: 'Wat is er mis mee als kunst, kunstenaars en kunstinstellingen proberen bij te dragen aan het heruitvinden van welzijn in de steden en landen waarin wij leven?'

Die uitdaging ligt echter niet binnen een collaboratie met dat regime, maar elders. "een herontdekking van het vrije spel, van het spel dat spelregels in vraag stelt, ligt besloten in de bestaansconditie van de dreigende precairiteit" (Van Brabandt). En inderdaad is een werkelijk spelen voor volwassenen iets wat voortkomt uit de hel: 'niets anders dan een zee van zuivere mogelijkheden, een totale vormloosheid die ervoor zorgt dat je nooit weet wat je moet doen, wat je wilt worden, wat je kunt zijn' (Ten Bos). Deze hel is, zo durf ik hieruit af te leiden, een groteske anarchie voor de disciplinerende regelgever en een morele bevrijding voor de onderworpene.

'De richting van de autonomie neigt urgentie te hebben, meer dan die van de stam, die juist het gevoel van empathie en comfort heeft' (De Bruyne). Misschien is het wel zo dat de empathie van de com-fortzone vals en/of hypocriet is. Wanneer dit zo is, zijn we bang onze regels, onze houvast te verliezen. Wanneer we over angst spreken, stelt Grunberg, spreken we over seksualiteit. Ik vermoed hierin een subversief aspect. In dit geval een subversiviteit jegens het precariaat en de gedisciplineerde regels: we tuchten onszelf omdat we zo geil zijn. Ondertus-sen is spelen niet vrijblijvend en is de voorwaardelijkheid van de vrije ruimte een conditie die we zelf stellen. 'Moeten we het spel inhaleren als een joint of moeten we verwarren door waarheid te creëren met durf?' (De Bruyne).

Let's start playing the game!
John Körmeling, die gemakkelijk als een groot kind kan worden gezien, vertelde me dat hij geen spelletjes speelt. Inder-daad: hij heeft schijt aan de regels. Zo sterk zelfs, dat hij niet aan subversiviteit doet. Hij maakt dingen gewoon beter. Hij durft. Dat een overgave aan disciplinering ook tot een nieuw vocabulaire kan leiden, toont het werk van Aurélien Froment aan. Ook de vrije ruimte vergt toewijding en concentratie.

Thomas Lommée geeft open source toegang tot een wereld die je autonoom kan maken. Echter: de interface en de condities zijn sterk bepaald. Hier kun je vraagtekens bij zetten zoals Florian Schneider dat doet: 'the democratic or egalitairian ambition has migrated into the realms of virtuality: Open source developer groups usually do not follow the patterns and rules of representative democracy'. Het is dus veeleer de kleine eigen community die haar eigen weg neemt, wellicht wars van empathie; al dan niet uit disciplinering ontsprongen.

Het spel als een hel, zoals beschreven door René ten Bos, raakt sterk aan het doelloze bouwspel van <u>Studio Julien Carretero</u>: het is enkel zinsbegoocheling. Hier worden de regels, die de mogelijkheid van co-creatie aan een coöperatieve groep mensen levert, totaal infantiel opgevat.

Wanneer we totaal infantiel gaan, hoeven we ook niet te spreken. Dan is het spel de realiteit en gaat de realiteit vooraf aan gesocialiseerde controle. Dan is de designtafel voor iedereen die kind wil zijn. Zwart of wit: dat maakt niet uit. Hier maakt <u>Uglycute</u> een mooi gebaar aan al de corrupte volwassenen.

Misschien is het dan nog het fijnste regels te hebben die ten minste de illusie geven van vrijheid, zoals <u>HEYHEYdeHAAS</u> dat doet: daar floreert de hypocrisie van intersubjectieve inleving, van empathie en begrip voor de ander; van thee drinken als placebo voor een complexe illusie.

Alleen Britten en Zweden rijden aan de verkeerde kant van de weg. Er zijn altijd twee kanten van de medaille. Soms zie je het potentieel niet om het vrij te geven. De Parallelle speelkaarten van <u>Ryan Gander</u> doen dat wel. Speel de regels en wordt een winnaar.

Deze speelruimte is eerder passief dan actief. Ze vraagt eerder opgave dan overgave. Misschien is dat wel exact het belang van een kunstruimte anno nu; om een tegenwicht te bieden aan alle corruptie van participatie. In een bundeling van alle dynamiek die dit project geproduceerd heeft, vanuit nieuw geproduceerde werken en vanuit nieuw geschreven teksten, lijkt dat de inzet van ons cultureel veld op dit moment te zijn.

In die zin is het werk van <u>Mireia c. Saladrigues</u>, waar de expositie mee begint en ik hier mee eindig, relevant. Ze ontleedt de vingerwijzingen van suppoosten en institutioneel medewerkers. Zijn het gebaren die dwingen of die bevrijden? Welke waarden zoeken we in onze culturele instituties? Die van bevestiging van het bestaande zoals musea traditioneel doen of een verfrissende opening van het hier en nu, zoals centra voor actuele kunst de cultuur aanbieden. Heeft de maatschappij de durf zulke vrijplaatsen te genieten?

Ik ben mijn onschuld kwijt

Er zijn zijden gekozen

Ik behoor niet meer tot de

stille meerderheid

Nooit meer zal ik kunnen

rusten in de schoot van

mijn moederland,

Noch zal ik naar het

vaderland terug verlangen

De roep om het kind maakt

alle onschuld kapot

April 2015

INTRODUCTION

Freek Lomme

Sod off with your games! What is this reader all about?

In the exhibition **<u>LET'S START PLAYING THE GAME!</u>** artists and visitors shake up the rules of the party game. Because if we want to stimulate innovation and open dialogue, we cannot always play by the rules. A certain amount of anarchy and tolerance towards the rules are indispensable to stimulate creativity and co-creation. Especially if we want to get it right. With this reader I, in my role as guest curator of the exhibition and in my role as editor, will try to guide you along various perspectives on play as a synonym for social conduct and as practice for social intercourse: for better or worse, just the way things go or might go. Being allowed to test today's culture is wonderful. That's what art in the contemporary is all about. I hope it will offer you some thought-provoking perspectives, perhaps it will even genuinely inspire you to act or maybe simply share some quick-witted slogans with the people around you at a bar, at home on the couch or anywhere else. In any of these events we would call the project a success.

Playing along with a complexity of rules
'A multitude of rules, oddly enough, equals no rules at all' says <u>René ten Bos</u> in this publication. With this expression he touches upon society's ever growing complexity that causes the rules – the codes of conduct we use to manifest norms and values –to become confused. We live in a constantly advancing technological society that is becoming more complex not only because of the growing significance of digitalisation but also because of the increasing number of organisational levels. Faced with the diversification of legislation and regulation according to social segments, our representative democracy, our representation of the people, is trailing behind. The only thing popular representation has left, is populism. Politics as experience.

In this way we are degraded to 'role players who practice extremely differentiated functions for which we put on various masks and deploy different types of logic, values and objectives', according to <u>Petra Van Brabandt</u>: 'Our place in societal reality is not one and indivisible.' For this reason, she says, our deeply held wish for honesty and authenticity denies the complexity of modern subjectivity. How to play well and how to relate this to the rules, is the challenge in this project.

When things might go wrong…
when it becomes too difficult to master the game, corruption is not far away. It means that rules and regulations are playing tricks on the people trying to abide by them and that sometimes people are playing tricks with these rules and regulations.

In this book, <u>Florian Schneider</u> describes the rise of a culture of collaboration. He sets of the neutral term samenwerking, Dutch for collaboration, against collaboratie, which the Dutch know as voluntary cooperation with a party whose norms and values one does not share. Sometimes this type of collaborative cooperation comes about innocently (we had no idea) or from pragmatic self-preservation (the gliding scale of corruption). We anticipate on what might be possible. 'The realm of the possible,' Paul De Bruyne states, 'is the comfort zone.' Schneider underscores the fact that in collaboration hierarchies are never criticised, morally rejected or dismissed as hypocritical: it is not a system of exchange but a system that abandons ranking altogether: collaboration – as a form of co-operation – is the black hole of the knowledge economy.

Slava Koslov, who makes games for public and private clients, emphasises that games designed for the market rely heavily on individualistic and competitive values; on demand and in order to turn people into better entrepreneurs. This often touches on the question of how to bend the rules: this is referred to as "creativity". White collar crime, whether it is intentional or not, is always situated in a very grey zone of "creativity", shrouded in a vast, heavy mist where the rules create their own loopholes or where codes of conduct facilitate manipulation. The profitable fruits of a lack of integrity, indispensable for morally correct play, are sometimes picked at a very young age (borrowed from Van Brabandt).

No one will voluntarily choose to be on the side-lines risking a fall into precarity. 'To question the rules that structure these social relationships is something that usually isn't taught', Van Brabandt argues. To this, Paul De Bruyne adds: 'to play is the only option. Playing the game creates a sense of reality.' As Arnon Grunberg underscores in the interview by Laurence Scherz, we cannot function without abiding by some rules at least. He does ask, however, which rules we should not abide by and whether it is relevant to dispute the rules.

Are there any alternatives?
This is a severe question. Does a complex society allow any leeway for morality and ethics? Can we use the child's playful freedom as a model or would there be room for a more cooperative form of living together, as the participatory society suggests?

To the young child, play is reality, according to Van Brabandt. Play is also a matter of socialisation and of internalising the rules, stimulated by your surroundings. In this way, socialisation and discipline are two sides of the same coin. And it is true, as René ten Bos argues, that this children's play is merely a lightness derived from a delusion of the senses: 'the people who really know how to play – babies, children – are usually less capable of written or verbal expression'. When adults start playing it is not for "real" but in their "free time" and in specifically designated locations (Van Brabandt). It is an antidepressant (De Bruyne). If you want to be as free as a child, you can only do so on the leash of the capitalist experience economy. It means that adult play is basically disciplined. It allows us to bargain for an illusion of freedom, in the form of distraction. A distraction we call 'well-being'.

In a complex society any collaboration, as a form of working together, is inherently corrupt. But is cooperation as a form of working together corrupted as well? It has a more direct reach and its smaller scale suggests a simpler set of rules (Schneider). Cooperation arises when demand and supply come together. It implies an interdependency that binds both parties. Although there appear to be hints of solidarity - mutual at least and possibly wider aimed, call them good intentions if you like - they are just appearances that hide the continuation of effective discrimination and exploitation.

Some symbolic gestures aside, the disciplining workings of the complex, technocratic capitalist regime seems to leave no room for morality in adult play. And yet this regime speaks of a domain where adults are allowed to play: within the creative economy! Because, as Paul De Bruyne proposes rhetorically: 'how could it be wrong when art, artists and art institutions try to contribute to the re-invention of wellbeing in the cities and nations we live in?'

The challenge, however, does not lie in a collaboration with this regime, it lies elsewhere. "A rediscovery of free play, of the play that questions the rules of the game, lies in the condition for existence of the looming precarity' (Van Brabandt). And real play for adults is indeed something coming straight from hell: 'nothing but an ocean of pure possibilities, a complete shapelessness that causes everlasting doubt about what to do, what to become or what you could be' (Ten Bos). This hell, as far as I dare to deduce, is a grotesque anarchy for the disciplining regulator and a moral victory for the oppressed.

'The side of autonomy tends to have a sense of urgency, much more so than that of the tribe, which has this feeling of empathy and comfort to it' (De Bruyne). Perhaps the empathy of the comfort zone is false and/o hypocrite. If that is the case, we are afraid to lose our rules, our grip. When we talk of fear, Grunberg says, we talk of sexuality. I suspect this has a subversive aspect. A subversiveness, in this case, towards the precariat and the disciplined rules: we discipline ourselves because we are so randy. In the meantime, play is not free of obligations and the conditionality of free space is a condition we have to set ourselves. 'Should we inhale play like the smoke of a joint or should we produce confusion by creating truth through daring?' (De Bruyne).

Let's start playing the game!
John Körmeling, who can easily be seen as a big child, told me that he never plays games. And it is true: he doesn't give a shit for rules. Actually, he cares so little that he ignores subversiveness. He just improves things. He dares. As the work of Aurélien Froment shows, a submission to discipline can lead to a new vocabulary. Free space demands dedication and concentration too.

Thomas Lommée provides open source access to a world that can make you autonomous. However: the interface and the conditions are strongly limited. This is reason for doubts like the ones raised by Florian Schneider: 'the democratic or egalitarian ambition has migrated into the realms of virtuality: Open source developer groups usually do not follow the patterns and rules of representative democracy'. It is more like the small familiar community choosing its own path, averse from empathy perhaps; either originated from discipline or not.

The game as a hell, described by René ten Bos, closely resembles the aimless building game made by Studio JulienCarretero: it is nothing but illusion. Here, the rules that provide a cooperative group of people with the possibility of co-creation are interpreted in a completely infantile way.

When we recede into infancy completely, we no longer need to speak. The game has become reality and the reality precedes any socialised control. In that case, the design table is an object for everyone who wants to be a child. Black or white: it doesn't matter. Here, Uglycute makes a wonderful gesture to all the corrupt adults.

Maybe the best thing is to have rules that at least create an illusion of freedom, like HEYHEYdeHAAS is doing: there, the hypocrisy of intersubjective compassion is flourishing with empathy and under-standing for the other; with drinking tea as a placebo for a complex illusion.

Only the British and the Swedes drive on the wrong side of the road. There are al-ways two sides to a coin. Sometimes you just don't see the potential to set it free. Ryan Gander's Parallel Cards are able to do so. Play the rules and be a winner.

This space to play is passive rather than active. It demands resignation rather than submission. Maybe that is exactly the merit of an art space today: to act as a counterbalance for all the corruption of participation. With the combined dynam-ics this project has produced, from newly produced works and newly written texts, that seems to be the goal of our cultural field at this moment in time.

In this sense, the work of Mireia c. Sala-drigues, which opens the exhibition and concludes my introduction, is relevant. She dissects the directions of museum guards and institutional staff. Are their gestures commanding or liberating? What kind of values do we expect from our cultural institutions? Values that confirm the existing order the way museums traditionally do or those that represent a refreshing opening to a levelling of stan-dards here and now, like the centres for

contemporary art have to offer to culture as a whole. Does society have the guts to enjoy these sanctuaries?

I've lost my innocence

Sides have been chosen

I no longer belong to the

silent majority

Never again I will rest in

my home country's lap,

Neither will I long for

the fatherland.

The call for the child

destroys all innocence

MIREIA C. SALADRIGUES

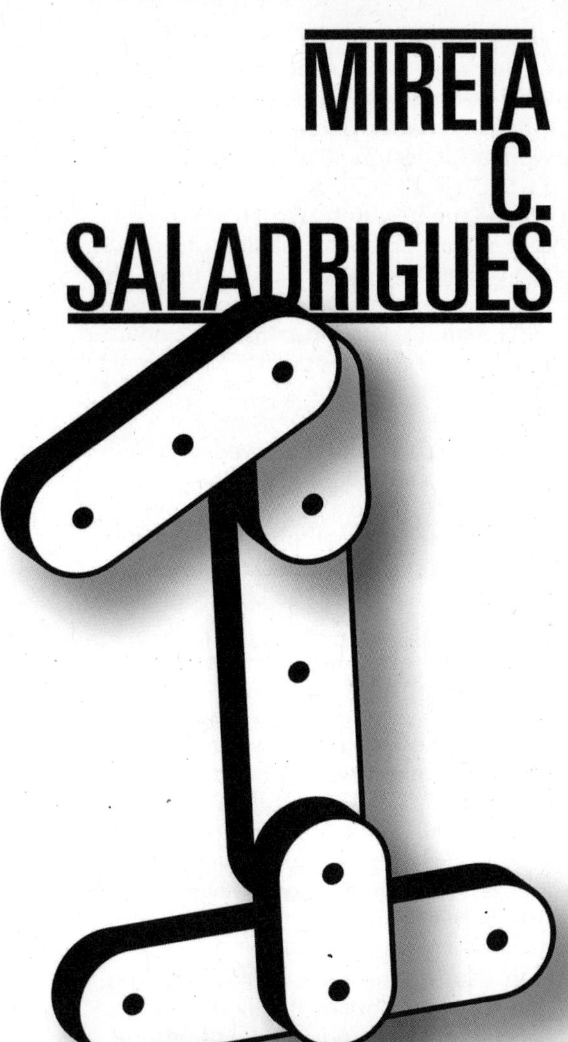

Mireia c. Saladrigues

Natuurlijk: u bent welkom in deze door ons gecontroleerde, voor u opgezette publieke ruimte.
O.k. … we noemen het een speelhal… maar let op uw manieren: dit is niet zo-maar een speelhal! Ook deze expositie heeft gedragscodes en verwachtingen. Onze medewerkers zijn ingefluisterd, maar u moet het zelf uitzoeken. Wellicht hangen er camera's…. Er is iemand in de buurt om u te helpen…

Mireia c. Saladrigues' fotoserie **Let op uw manieren #1!** verstilt een aantal ken-merkende handgebaren van suppoosten op zaal in musea. Deze speels aandoende beelden bespelen en bevragen de cul-turele disciplinering in deze institutio-nele omgeving.

Door de relatiestructuren opnieuw te conceptualiseren en te activeren, vaak in een institutionele en dus gereguleerde omgeving, geeft Mireira c. Saladrigues de ruimte om het sociale gedrag te overden-ken van zowel protagonisten als antago-nisten. Zo kunnen we de manier waarop we ons tot elkaar verhouden, de motieven van onze gedragingen en het effect hier-van op de ander, beter begrijpen.
Het werk biedt grip binnen deze speelse wandeling langs verwondering, hoop, verlangen, ongemak en meer: een dy-namiek van persoonlijke relaties en intersubjectieve, cultuurpolitiek gemo-tiveerde acties.

Uw vrijheden bepalen de voorwaarden van ons gastheerschap; wij hopen dat de vrijheid die we nemen binnen uw voor-waarden valt. *Play on!*

Certainly: please feel free to enter this public space that we have set up and manage especially for you.
Alright… we call it an entertainment hall… but mind your manners: this isn't just any old entertainment hall! This exhibition too features codes of conduct and expecta-tions. Our employees have been prompt-ed, but you will have to figure it out by yourself. Perhaps there are cameras… Someone is available to help you…

Mireia c. Saladrigues's photo series **Mind your manners #1!** has captured a num-ber of typical gestures made by museum guards at work. These apparently playful images manipulate and interrogate cultur-al disciplining in this institutional setting.

By reconceptualising and re-activating its structures of relationships, often in institutional and therefore regulated envi-ronments, Mireira c. Saladrigues creates the opportunity to reflect on the social be-haviour of both protagonists and antago-nists. It allows us to better understand the way we are connected to one another, as well as the motives behind our conducts and their effect on others.
The work offers something to hold on to during this playful walk among amaze-ment, hope, desire, discomfort and more: the dynamics of personal relationships and intersubjective actions motivated by cultural policy.

Your liberties set the conditions for our hospitality; we hope the liberty we take will not transgress your conditions.
Play on!

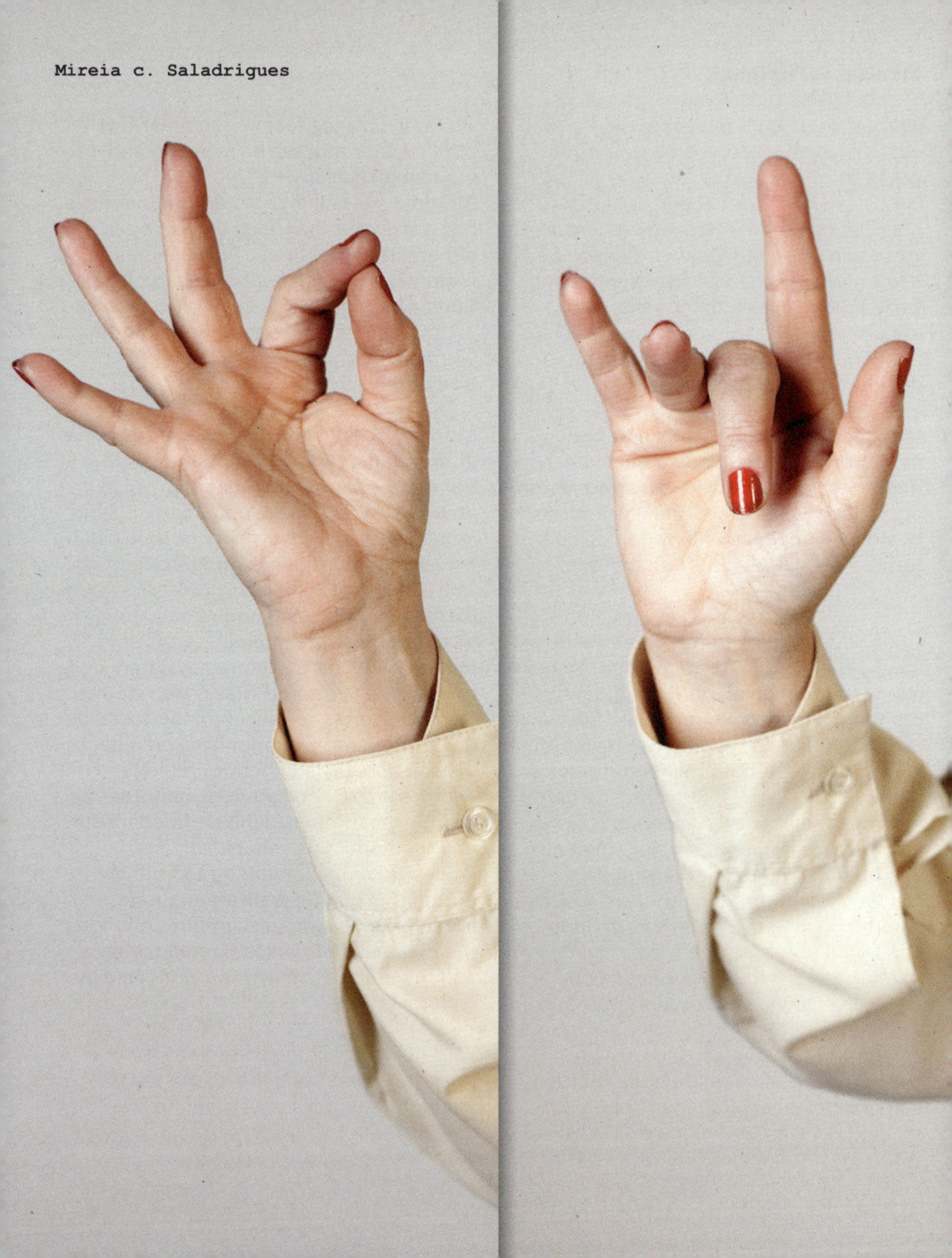
Mireia c. Saladrigues

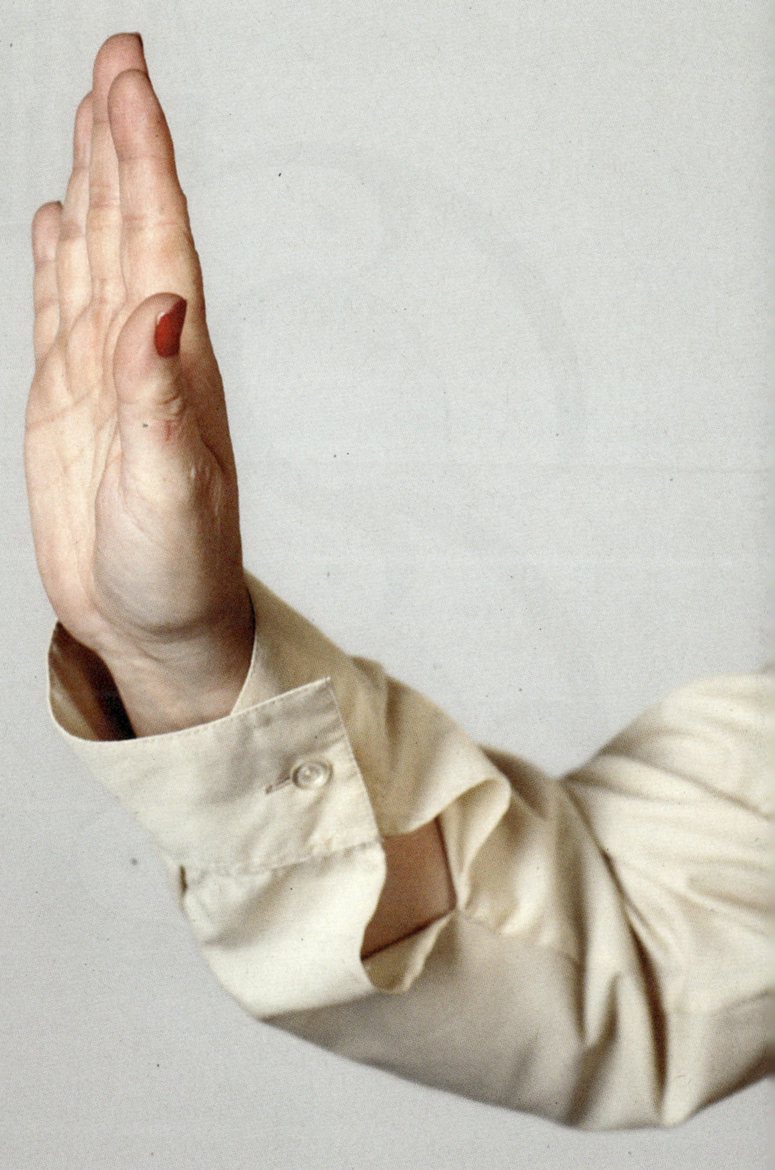

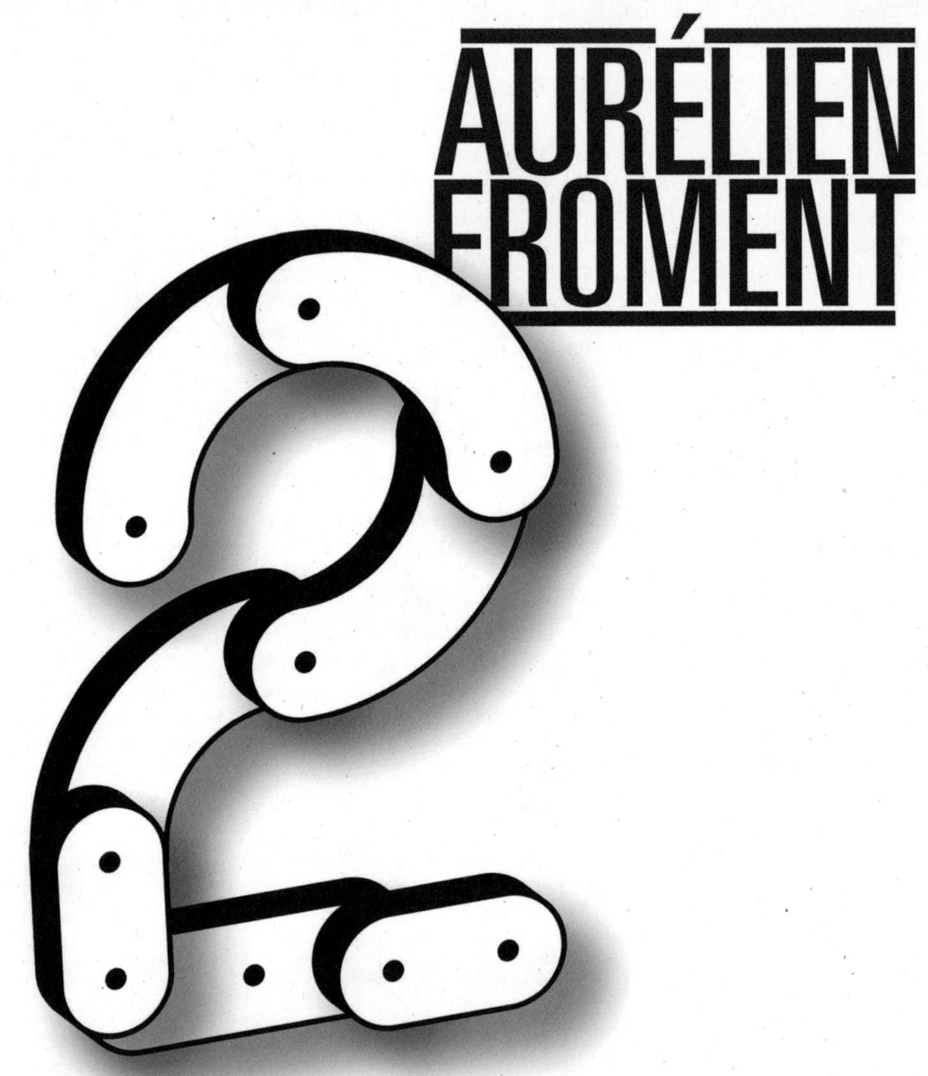

AURÉLIEN FROMENT

Aurélien Froment

"Zijn werk kan worden gezien als een wetenschappelijke studie, omdat zijn aanpak lijkt op die van een historicus of onderzoeker werkzaam in gebieden uiteenlopend van architectuur en ontwerp tot de kunst van ezelsbruggetjes. Froment opereert vanuit bestaande feiten en begint met een object, een situatie of werk van een echt persoon. Hij bestudeert zijn onderwerp nauwkeurig en grondig, voordat hij het onder onze aandacht brengt en er daarmee voor zorgt dat het wordt bewaard als een soort van herinnering."
Xavier Franceschi 2014

"His work may be seen as scientific studies, since his approach resembles that of a historian or researcher working in fields as diverse as architecture, design or mnemonics. Each of Froment's propositions evolves from a pre-existing fact – an object, a situation or the work of an actual person – which he studies in a precise and rigorous manner before he brings it to our attention and by doing so ensures it is preserved as a form of memory".
Xavier Franceschi 2014

En 1 j'ai un toit

De video toont een jonge vrouw die een groot aantal schijnbaar ongerelateerde objecten op volgorde opnoemt: de 1 is voor hoofd, 2 is honing, 3 is ham, 4 is haar, 5 is een walvis, etc. De lijst is een geheugentabel die de kunstenaar kreeg van Benoît Rosemont, een Franse goochelaar. Rosemont gebruikt de tabel als hij tijdens zijn optredens de prestaties van zijn geheugen toont. Elk woord fungeert als een 'wasknijper' waarmee hij beelden van de objecten 'ophangt' in zijn geheugen. Deze registratie was een toevoeging aan een performance over Benoît Rosemonts geheugentechniek die in 2010 door Agathe Jeanneau in de Galerie Art & Essai in Rennes werd gepresenteerd.
SD video, 6 minuten 44 seconden

En 1 j'ai un toit

The video shows a young woman addressing to the camera and listing numerically a large number of seemingly unrelated items: 1 is for a Head, 2 is for honey, 3 is a ham, 4 is hair, 5 is a whale, etc... The list is a memory chart which was provided to the artist by French entertainer Benoît Rosemont. The chart is called a table of recall and is used by Rosemont during his performances of feats of memory. Each word is like a "peg" on which he can "hang" the images of the objects he has to quickly memorized. The piece was recorded as an addition to a performance about Benoît Rosemont's memory technique presented by Agathe Jeanneau in Rennes in 2010 at the Galerie Art & Essai.
Video SD, 6 minutes 44 seconds

Aurélien Froment
with Agathe Jeanneau

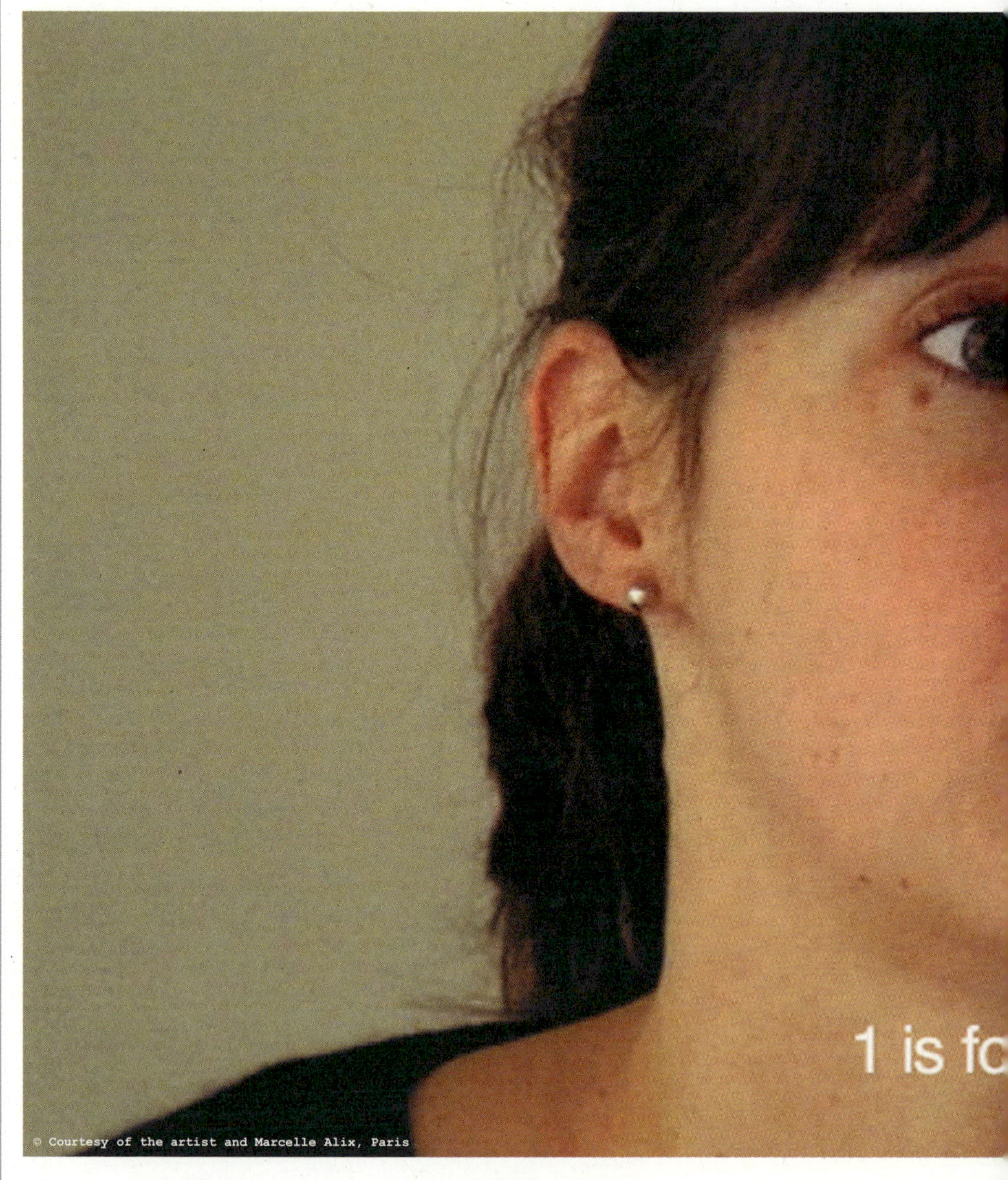

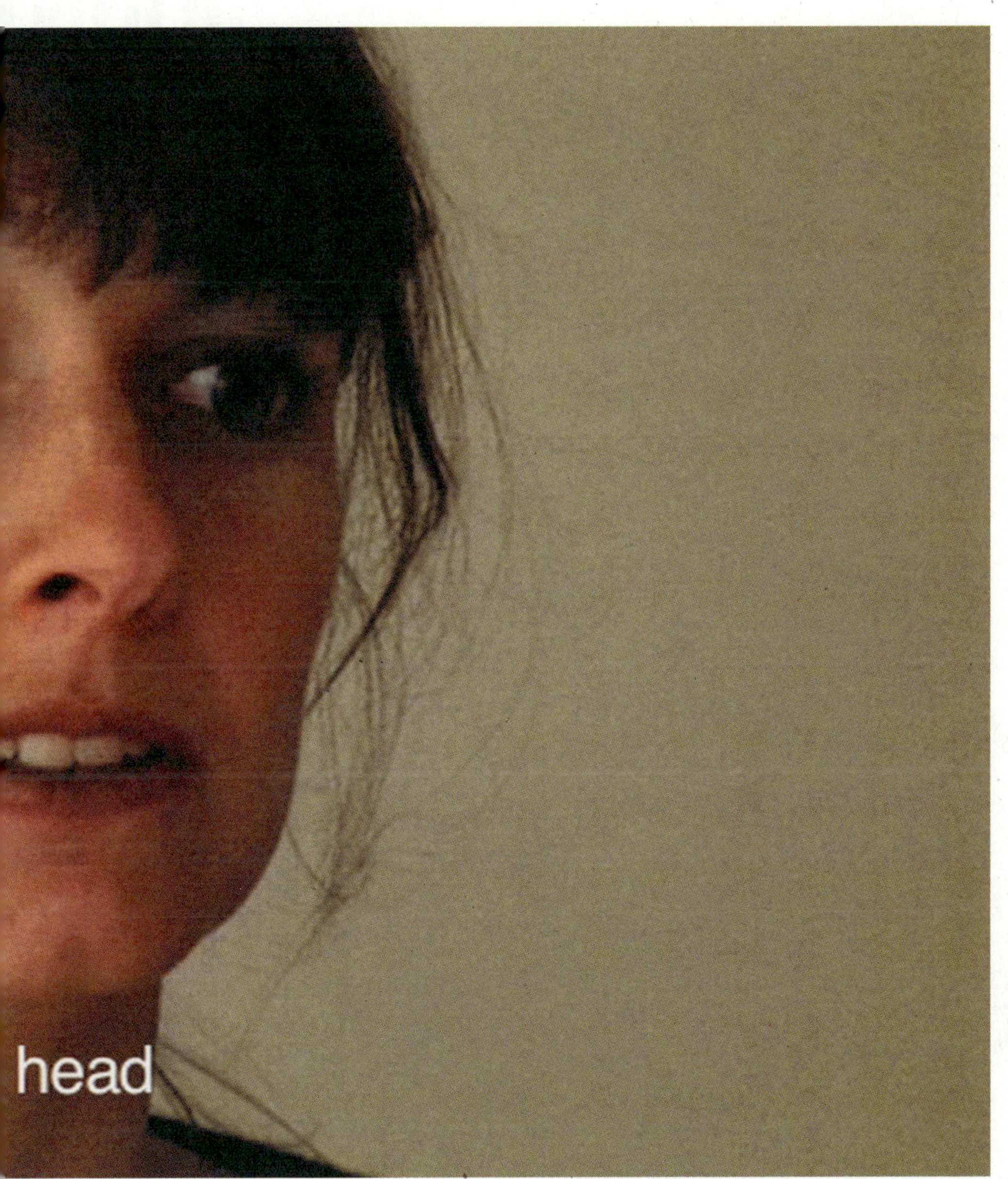

En 1 j'ai un toit (2010)
(Video Still)

JOHN KÖRMELING

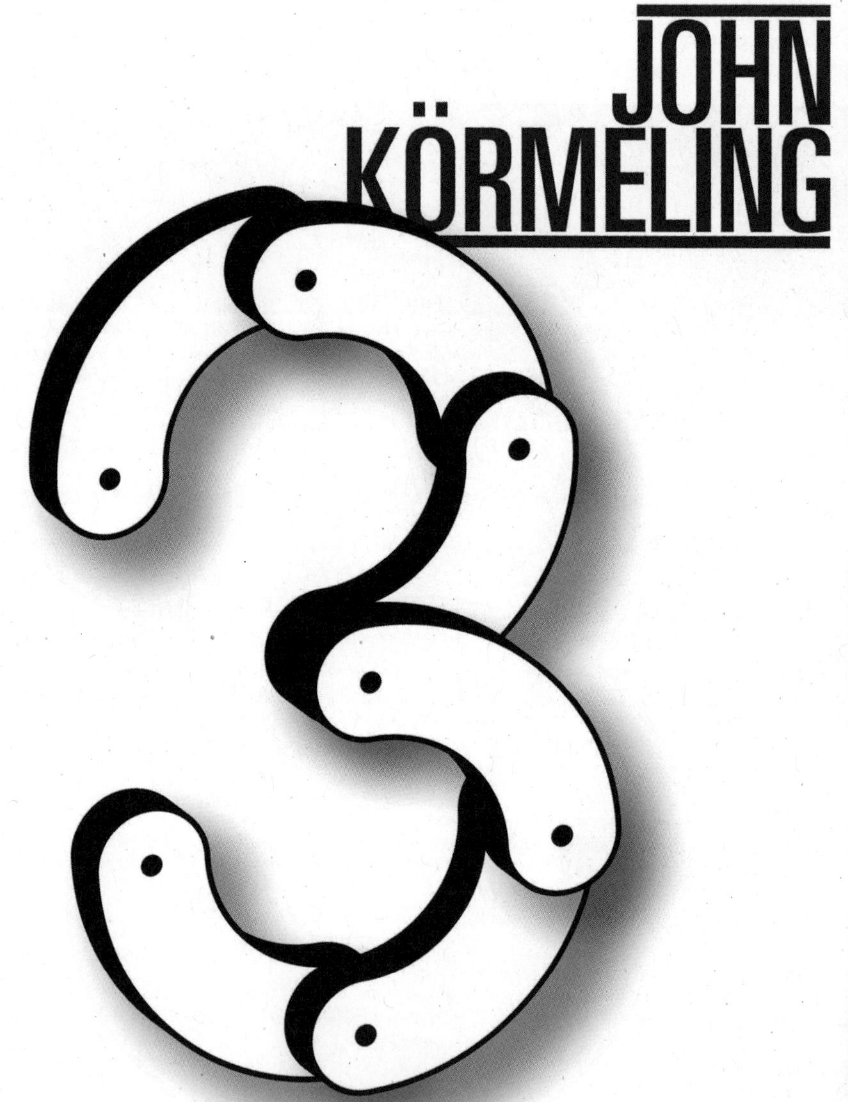

John Körmeling

...ontwerpt en bouwt dingen die los en vast zitten. Doordat hij de tang en het varken niet erkent, bedenkt hij oplossingen die – voor de buitenwereld – ineens kloppen: goede oplossingen voor veelal vastgeroeste problemen. Soms bouwt of maakt hij ze, maar het kan ook een goed geschetst idee zijn of een overtuigende maquette.

...designs and builds things that are odd and even. Acknowledging neither rhyme nor reason, he comes up with solutions that – to the outside world – suddenly make sense: clever answers to stubborn problems. Usually they're as clear as a bell. Sometimes he constructs or makes them himself but they can also consist in convincing maquettes or well-sketched ideas.

John Körmeling

Reservehobby

Je moet dingen beter maken; met oplossingen komen. Verleg het accent als de nadruk verkeerd ligt. Als de box niet goed is, hoef je niet buiten de box te gaan denken om een goede te maken. Als je het forceert, werkt het niet en blijf je er mee bezig. De reservehobby is, zo stelt Körmeling, voor als je hobby's op zijn of kapot.

Spare Hobby

You have to make things better, to find good solutions. Shift the emphasis when it's in the wrong place. If the box is useless, you don't need to start thinking outside the box to make a better one. Things won't go faster when you try to force them, they will just keep you busy. A spare hobby might come in handy, says Körmeling, when your present hobbies break down or wear out.

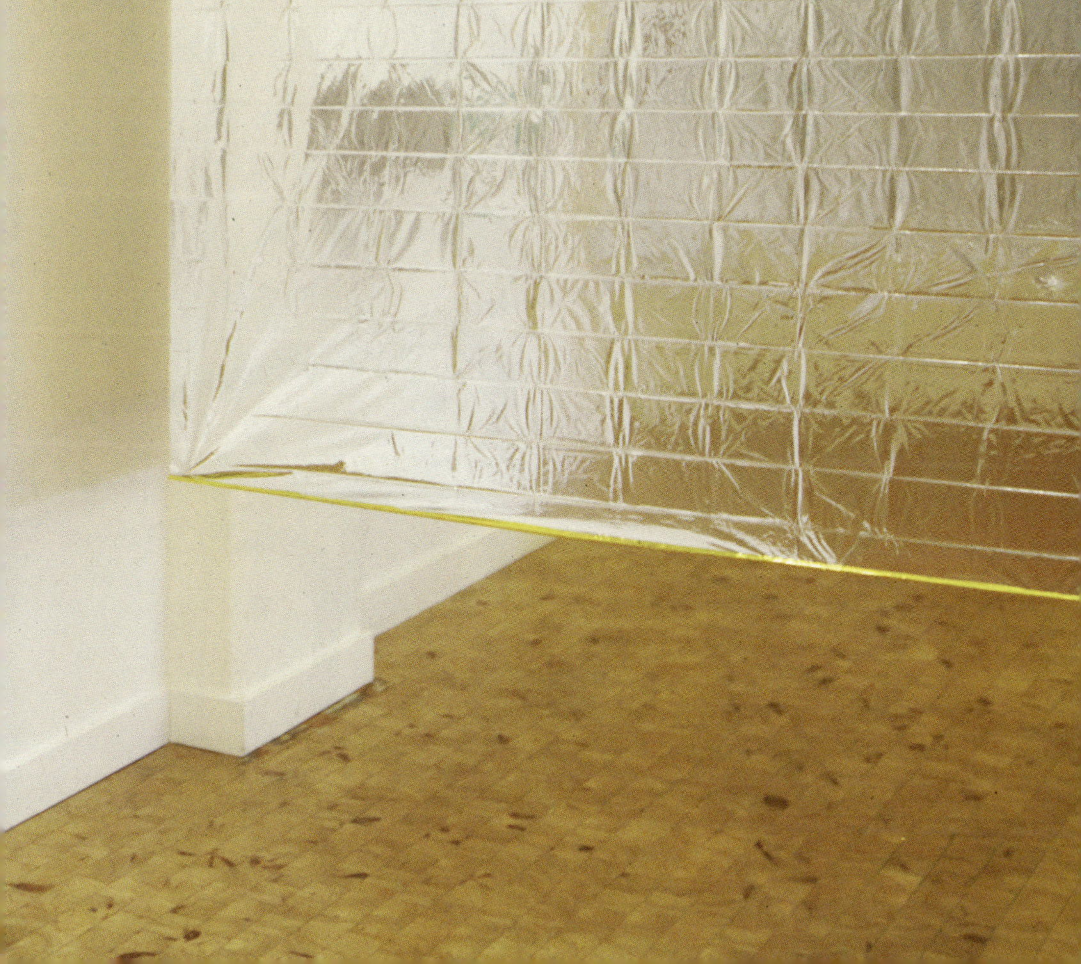

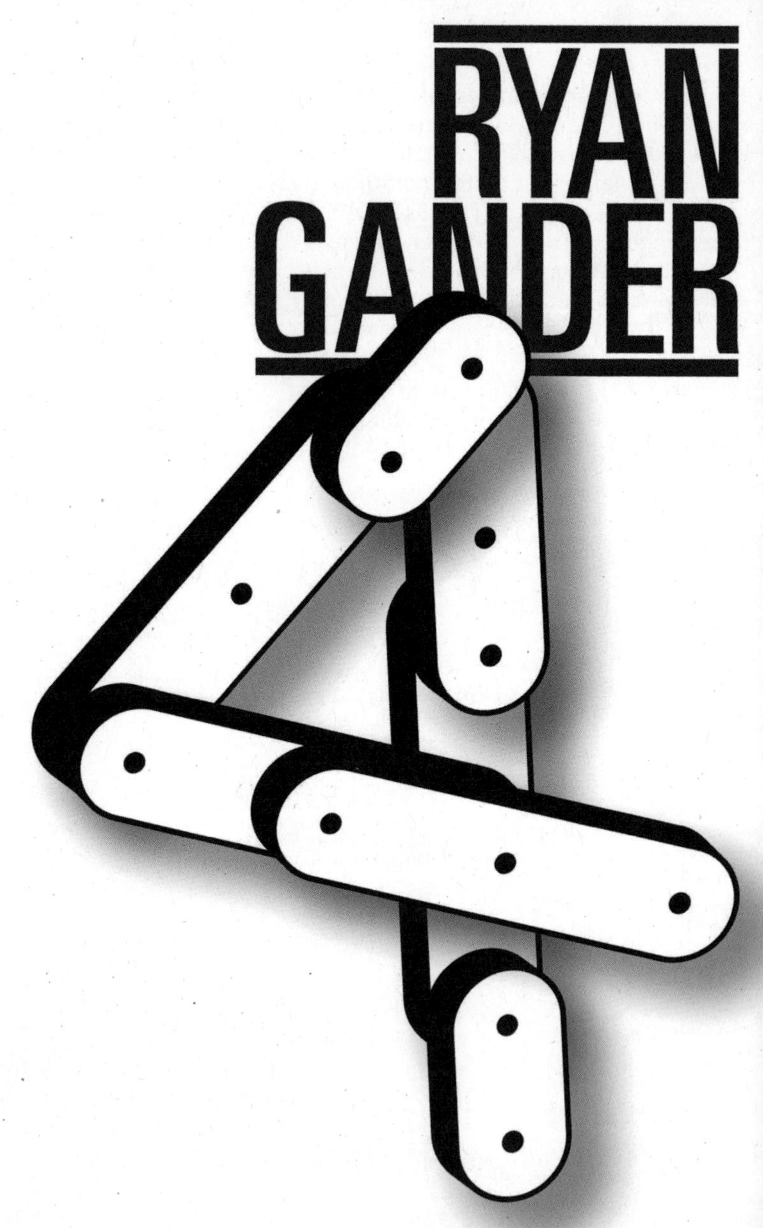
RYAN
GANDER

Ryan Gander

'Gander onderzoekt de omstandigheden van kunstproductie en het cognitief proces van de perceptie van kunst. Zijn oeuvre vormt een labyrint van onderling gerelateerde verhalen die vaak gebaseerd zijn op echte incidenten, personages of bestaande kunstwerken. Het idee van afwezigheid speelt een centrale rol in Gander's werk en geeft het een raadselachtige aura. De kijker wordt uitgenodigd om de verborgen eigenschappen of mogelijke functies van het verhaal te vinden. Daarmee wordt het proces van betekenisgeving in de kunst belicht. '
www.annetgelink.com

'De complexe en onbelemmerde conceptuele praktijk van Ryan Gander wordt gestimuleerd door onderzoek en kent geen strikte regels of grenzen. (...) Gander is een cultureel ekster, gretig ontleedt hij populaire noties om ze weer op te bouwen op een nieuwe manier (...) Taal en verhalen spelen een overkoepelende rol in zijn werk (...) Zijn ludieke concepten ontwikkelen zich soms naar meer fysieke, relationele uitdagingen (...) Uitnodiging en samenwerking vormen de kern van Gander's voortvluchtige kunst- van het uitwisselen van fictieve rouwadvertenties met een bevriende kunstenaar tot het nemen van foto's van mensen die naar foto's op een kunstbeurs kijken- uiteindelijk houdt Gander zijn onophoudelijk vraatzuchtige geest telkens een spiegel voor.'
www.lissongallery.com

'Zijn vroege werken waren lezingen en performances voor het publiek, waarmee hij zich als interactief kunstenaar bekendmaakte. Zijn multimediale praktijk omvat een breed scala aan vormen, verweven met elementen van architectuur, design, beeldhouwkunst en stadsplanning, evenals kinderboeken, taal en performance. Al zijn werken draaien om de aard van kunst en objecten. Het misleidende minimalistische uiterlijk van Gander's wereld vermomt een complex netwerk van verweven verhalen. Elk van zijn objecten voedt een nieuw verhaal dat deel uitmaakt van een groter systeem waarin fictie en realiteit botsen. '
The white review, Timothée Chaillou

"Ryan Gander is een verteller van verhalen" ... "Zijn kunst is een poging om verder te kijken dan de interne kunst referent, om een idee zo stevig te omhelzen dat haar ingewanden worden uitgeperst en op de wand spatten" [1]

"Het werk van de in Londen woonachtige kunstenaar Ryan Gander is veelzijdig en varieert van installaties, sculpturen, interventies en schrijfwerk tot performatieve lezingen" [2]

"Ryan Gander's praktijk brengt speelse puzzels, culturele botsingen en meta-versies van de werkelijkheid." [3]

"Humor ligt ten grondslag aan veel van Gander's werk, waarmee het gered wordt van de status van louter 'institutionele kritiek'. Het werk weet te boeien met zijn zelfbewuste, droge zelfspot en is zowel rigoureus als vreemd en toegankelijk." [4]
Wikipedia

'Gander examines the conditions of art production and the cognitive process of the perception of art. His body of works forms a labyrinth of inter-related narratives often based on real incidents or characters or existing artworks. 'Absence' plays a central role in Gander's work and lends the works an enigmatic aura. It invites the viewer to re-establish a story's hidden character or object's possible function and by that illuminates the process of making meaning of a work of art.'
www.annetgelink.com

'Ryan Gander's complex and unfettered conceptual practice is stimulated by queries, investigations or what-ifs, rather than strict rules or limits. (…) Gander is a cultural magpie in the widest sense, polymathically taking popular notions apart only to rebuild them in new ways (…) Language and storytelling play an overarching role in his work (…) Occasionally his ludic concepts drift into more bodily, relational challenge (…) Invitation and collaboration are also at the heart of Gander's fugitive art – whether he's exchanging fictionalised newspaper obituaries with an artist-friend or taking pictures of people looking at pictures at an art fair – although arguably every solipsistic action he takes merely holds up yet another mirror to his ceaselessly voracious mind.'
www.lissongallery.com

'His early works took the form of lecture/performances delivered to the public, establishing himself as an interactive artist. While his multimedia practice encompasses a vast array of forms, interweaving elements of architecture, design, sculpture and city planning, as well as children's books, language and performance, all of his works revolve around the nature of art and objects. The misleadingly minimalist appearance of Gander's world disguises a complex network of tangled narratives. Each one of his objects may act as a vessel for a new story that collectively fit into a greater system in which fictions and realities collide.'
The white review, Timothée Chaillou

"Ryan Gander is a story-teller, a teller of tales" … "His art is an attempt to see beyond the internal art referent, to hug an idea so tightly that its innards are squeezed onto the walls" [1]

"The work of London-based artist Ryan Gander is multi-faceted, ranging through installation, sculpture, intervention, writing and performative lecturing" [2]

"Ryan Gander's practice involves a lot of playful puzzles, cultural collisions and meta-versions of reality." [3]

"Humour underpins much of Gander's work, rescuing it from mere 'institutional critique', engaging us with its dead-pan, self-deprecating knowingness. It is as rigorous as it is strangely, accessible." [4]
Wikipedia

(1) Mark Beasley, frieze Magazine, Issue 86, October 2004

(2) "Ryan Gander", *Axisweb.org*, 2005, retrieved 2011-09-13

(3) "Artist's Palate: Ryan Gander", *Wallpaper**, 2011,
    retrieved 2011-09-13

(4) "Ryan Gander solos at South London Gallery",
    Art Knowledge News, retrieved 2011-09-13

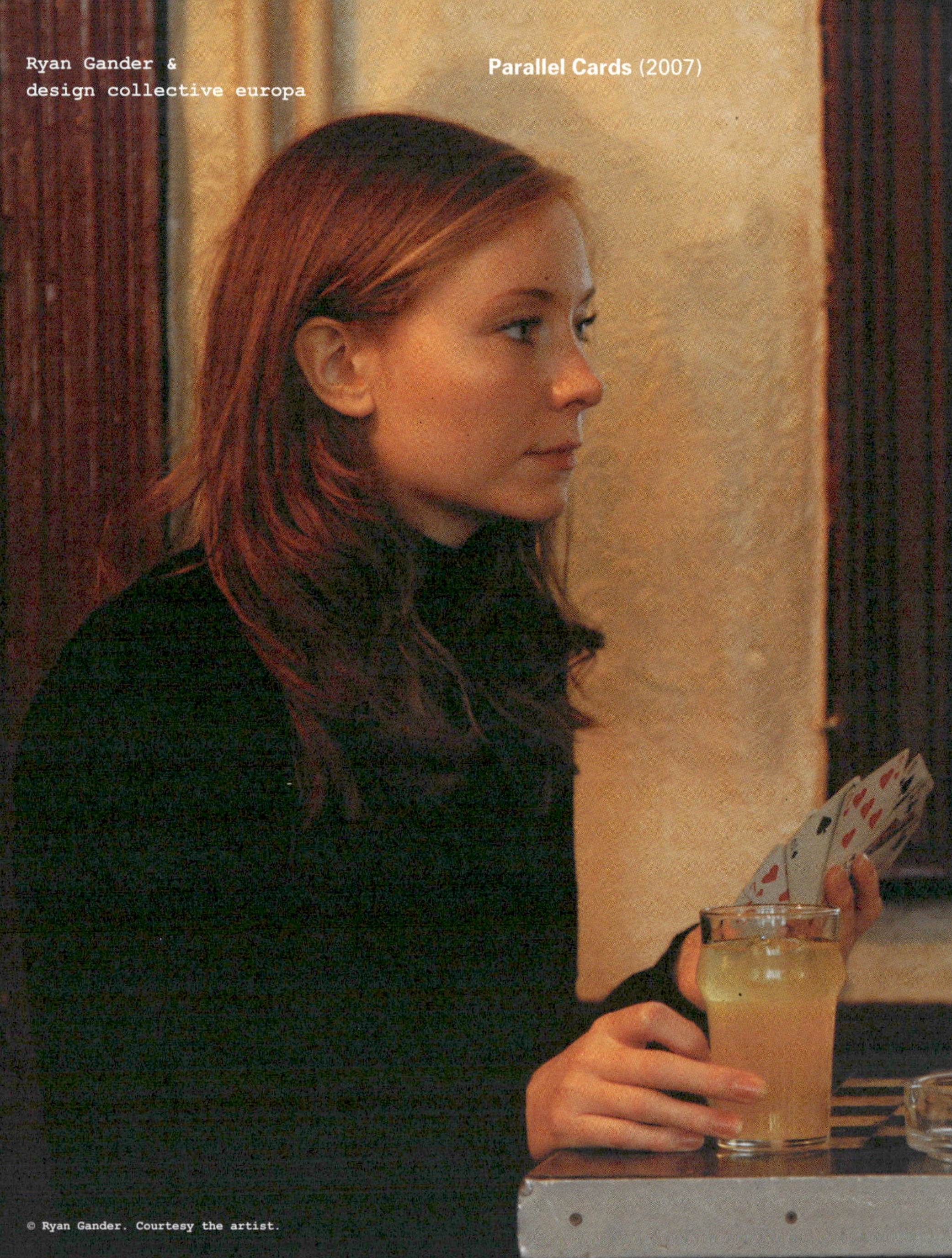

Ryan Gander &
design collective europa
Parallel Cards (2007)
© Ryan Gander. Courtesy the artist.

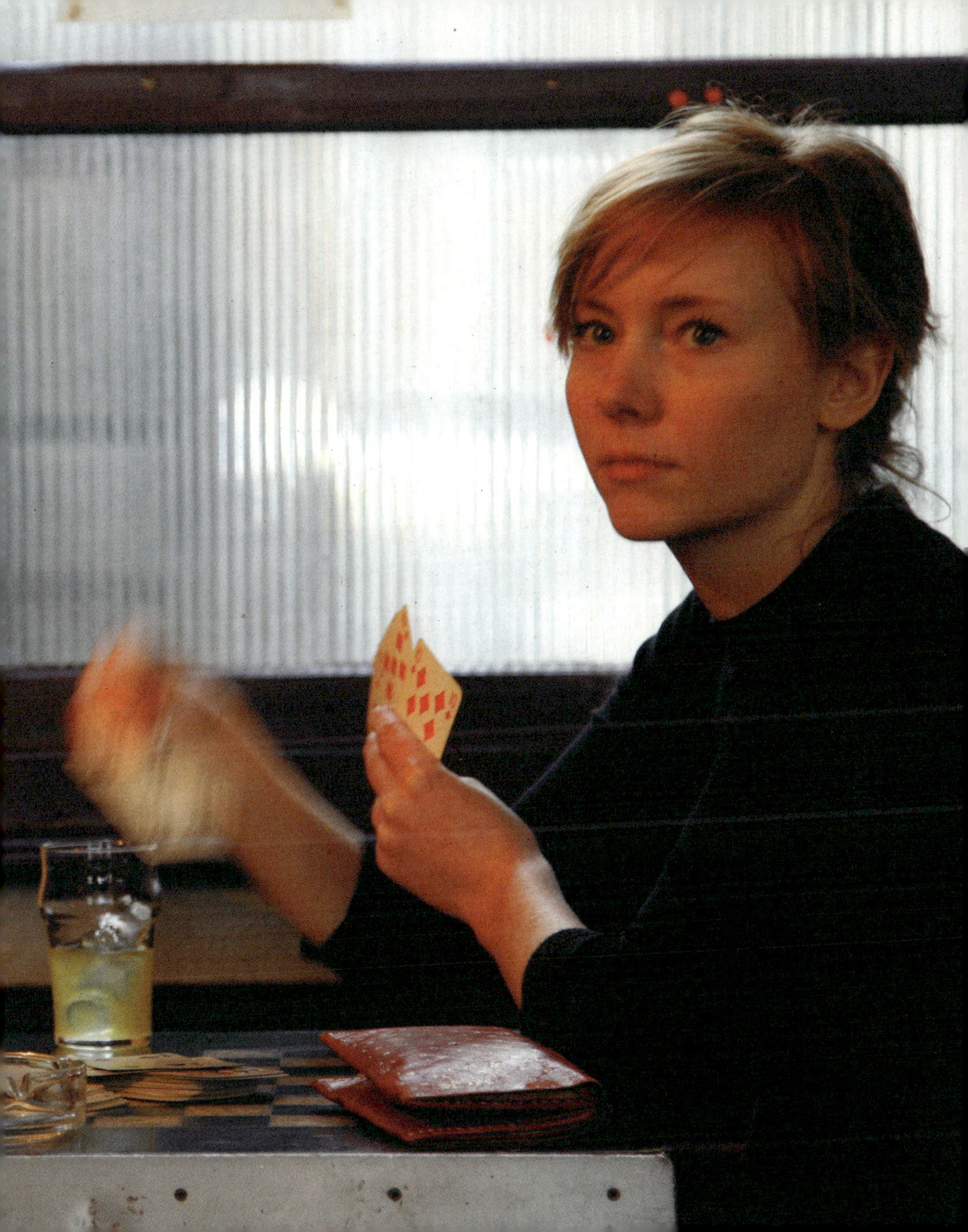

Parallel Cards (2007)
**Standaard speelkaarten, dubbelzijdig
bedrukt door Ryan Gander en design
collective europa.**

Doel

Zo dicht mogelijk bij **21** scoren.

K, **Q**, **J** zijn **10** punten. **A** telt als **1** of **11** punten, naar keuze van de speler. 2 Spelers (**Noord** en **Zuid**) zitten met de deler (**West**). **2** kaarten worden in de houder gezet. Noord ziet de voorkant en Zuid ziet de omgekeerde kant van de kaart. Noord gaat eerst en kan 'kopen' (nog een kaart nemen) of 'blijven' (de huidige kaarten houden). Noord kan blijven kopen totdat er **5** kaarten zijn gegeven door de deler. Dan is Zuid aan de beurt. Zuid mag **1** handeling doen: 'de hele set kaarten houden' of 'draaien'. In het tweede geval vraagt Zuid aan de deler om een aantal kaarten om te draaien. De deler draait alle gespecificeerde kaarten in één keer. Hierdoor verandert het puntenaantal voor zowel Noord als Zuid. De speler met de score die het dichtst bij **21** komt, wint.

In de volgende ronde gaat Zuid eerst, daarna Noord, enz. enz. Spelers kunnen niet failliet gaan. Als beide spelers een gelijke afstand van het getal **21** hebben behaald, wint de speler met de hoogste score. Als spelers een gelijke score hebben, is het gelijkspel. Het spel is afgelopen wanneer er minder dan **5** kaarten in de pot over zijn. De speler die de meeste rondes heeft gewonnen, is de winnaar.

Om dit spel te kunnen spelen, heb je een kaarthouder nodig die de kaarten aan twee zijden zichtbaar laat. Deze kun je makkelijk zelf bouwen door twee stukken hout (6 x 6 x 30cm) samen te voegen en de kaarten in de spleet daartussen te zetten.

Parallel Cards (2007)
A standard set of playing cards
printed on both sides by visual
artist Ryan Gander and design
collective europa.

Aim

To be the player with the score closest to **21**.

K, Q, J count as **10**. **A** counts as either **1** or **11** at the discretion of the respective player. 2 Players (**North** and **South**) sit with dealer (**West**). **2** Cards are dealt to the holder. North sees the front and south the reverse hand on the cards. North goes first and can 'twist' (take another card) or 'stick' (stay with the cards dealt). North can continue to twist until **5** cards have been dealt. Next is South's turn. South has **1** move: to 'stick with the whole hand or 'twist' by specifying cards for the dealer to turn around, thereby changing the hands for both North and South. The dealer turns all the specified cards in one go. The player with the hand closest in value to **21** wins the trick.

In the next hand South goes first, then North in the hand after and so on. Players can not go bust. If both players' scores are an equal distance from **21**, with one above and one below, the player below **21** beats the player above. If both players have the same score the hand is a draw. The pack is then played out until there are less than **5** cards left in the deck. The player with the most tricks at this point wins the game.

To play this game you will need to construct a card holder that allows for both sides of the cards to be visible at once. This can be made easily by placing two pieces of wood (6 x 6 x 30cm) together and slotting the cards into the gap in between.

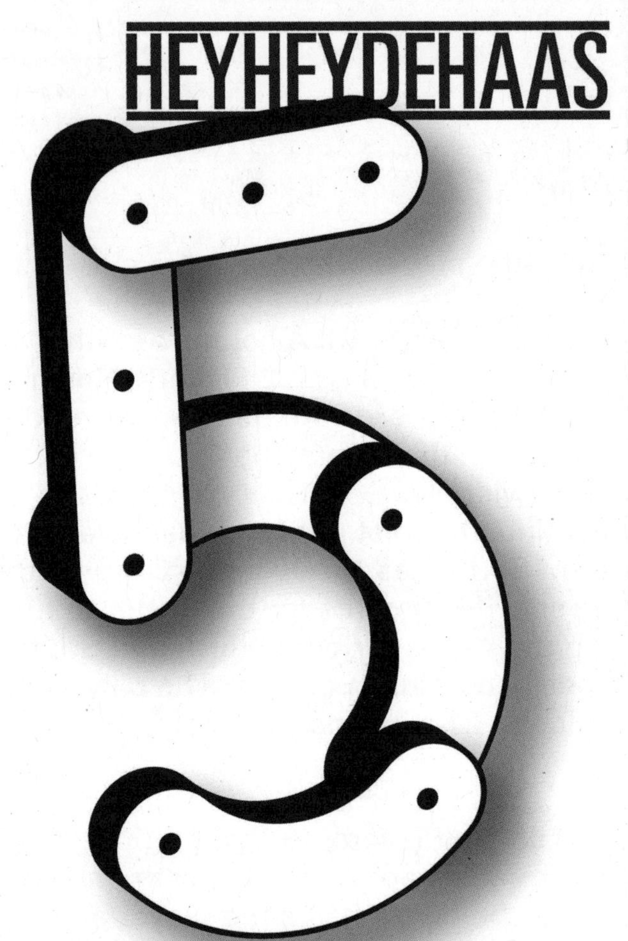

HeyHeydeHaas

…werkt, in hun eigen woorden 'hands-on met klanten op het gebied van design, merk- en identiteitsontwikkeling, zowel in de fysieke als digitale wereld.' Het liefste wordt HeyHeydeHaas zo vroeg mogelijk betrokken bij het proces, zodat het hele speelveld nog open ligt. HeyHeydeHaas wil namelijk niet alleen volgen, maar ook anticiperen en vrij bewegen binnen de zelf geschepte voorwaarden.

In het begin van 2014 besloten de ontwerpers van HEYHEYHEY en Eric de Haas hun ontwerppraktijk te fuseren tot HeyHeydeHaas. Erik en Elske (voorheen HEYHEYHEY) hebben een illustere reputatie in het organiseren en produceren van chaotische visuele ervaringen en evenementen. Eric de Haas (Voorheen Eric de Haas) heeft een roemruchte reputatie als bijdehante gesprekspartner en als ware ambachtsman van drukwerk. Wij kunnen nu enkel afwachten wat deze samenwerking gaat brengen…

…works, in their own words 'hands-on with clients on design, brand- and identity development, in both the physical and digital world.' Of course, producers of identity need commissioners. They also say they 'prefer to get involved in an early stage.' That means they don't just follow but want to anticipate or even want to be offered a free space wherein they can outline the conditions of the premises themselves.

Early 2014, the designers of HEYHEYHEY and Eric de Haas decided to merge their design practices, forming HeyHeydeHaas. Erik and Elske (formerly HEYHEYHEY) have a illustrious reputation in organizing and producing – at times participator – full-on experience, crazy chains of high-visual, chaos-led settings identities and events. Eric de Haas (Formerly Eric de Haas) has an illustrious reputation in being a smart-ass interlocutor at many back-ends and being a nerdy craftsman of printed matter. Now we can only speculate on the results of this newborn collaboration….

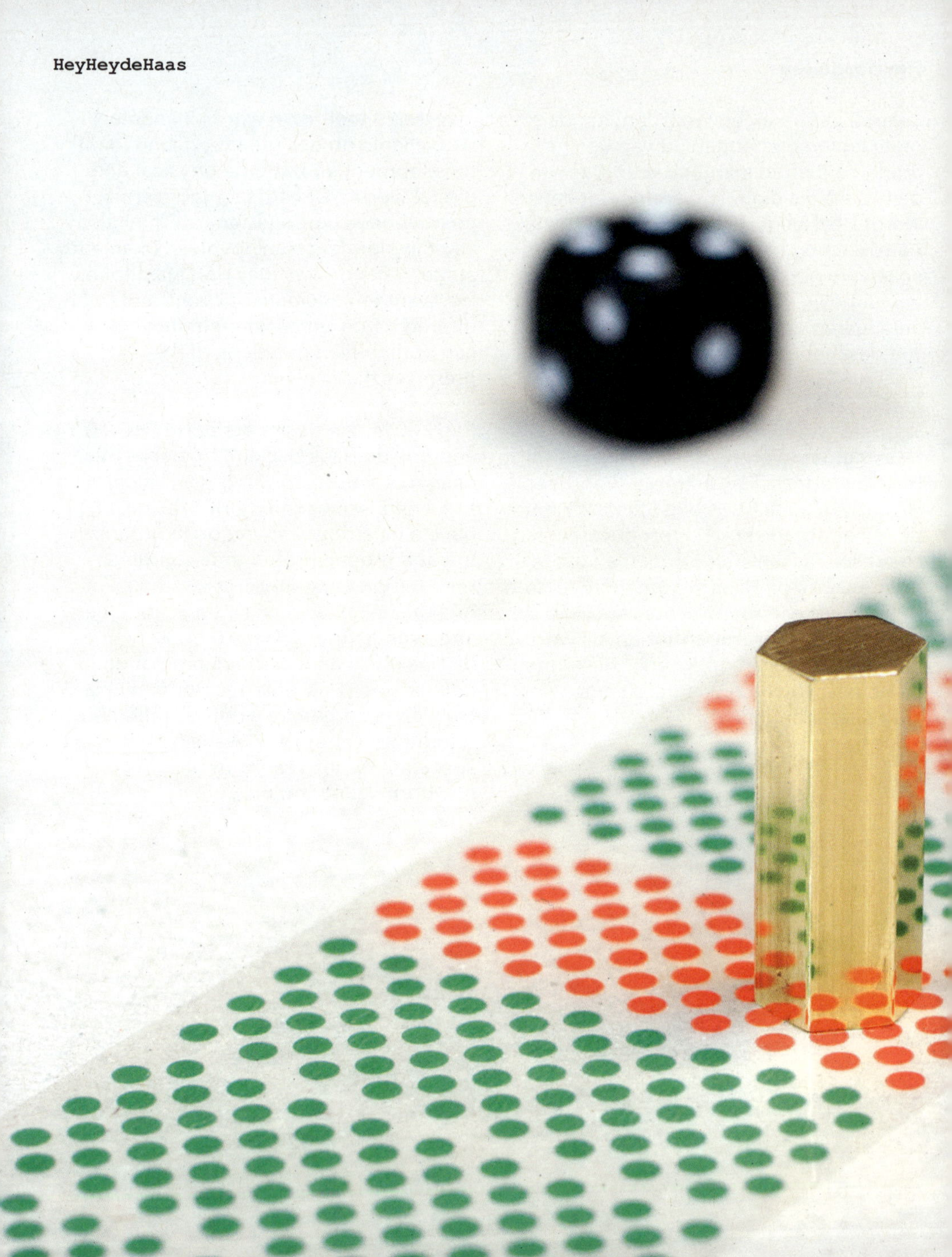

THATAWAY. Een simpel dobbelspel/

A very basic dice game

Inhoud

·**Het spelbord** (maximaal 60 meter)
·**Dobbelsteen**
·**De pionnen**
·**De troefkaartjes**
·**Spelsuggesties**

Contents

·**The game board** (up to 60 meters)
·**Dice**
·**The pawns**
·**The fortunes (the cards)**
·**Game suggestions**

Spelregels

Basisregels
Bepaal de lengte van het spel…

(dit zegt niks over de daadwerkelijke duur van het spel)

Beide spelers starten op groen.

1 Beurt is 1 x dobbelen.

Je gaat vooruit op basis aantal ogen van de worp.

Elke streep is een zet.

Wanneer je op groen komt, moet je de volgende zet vooruit op basis van het aantal ogen van de worp.

Wanneer je op rood komt, moet je de volgende zet terug- op basis van het aantal ogen van de worp.

Bijzondere regels
Je kan eenmalig troefkaartjes op het pad leggen.

De Troefkaartjes worden voorafgaande aan het spel geplaatst.

De regels liggen niet vast maar worden door de spelers zelf vooraf bepaald.

Wanneer een speler hierop terecht komt, moet hij de afgesproken regel opvolgen, of niet.

Deze kaartjes zijn eenmalig in te zetten.

Het staat de spelers vrij nieuwe regels te verbinden aan het aantal ogen van de worp of zelf andere spelvarianten te bedenken.

Nota bene
Er is geen vrije keus (al mag dat nog zo lijken).

Er worden rollen en disposities toegeschreven door het gebruik van de troefkaartjes (die er eigenlijk niet toe doen).

Veel speelplezier!

Rules of the game

Basic rules
Determine the length of the game…
(this is no indication of the actual duration of the game whatsoever).
Both players start on green.
1 Turn allows you to trow the dice 1 x.
You go ahead based on the value of the dice.
Each line is a turn.
When you come in on green, you have the next move forward
on the basis of the number of pips.
When you come in on red, you should move back based on
the number of pips.

Special rules
You can lay the fortune card on the path.
When the opponent reaches this, he must follow it.
These cards are only put in once.
Players are allowed to freely assign new rules to multipliers
or to invent game variations.

Nota bene
There is no free choice (though it may still seem so).
There are roles and dispositions attributed (that do not really matter).

Enjoy your game!

UGLYCUTE

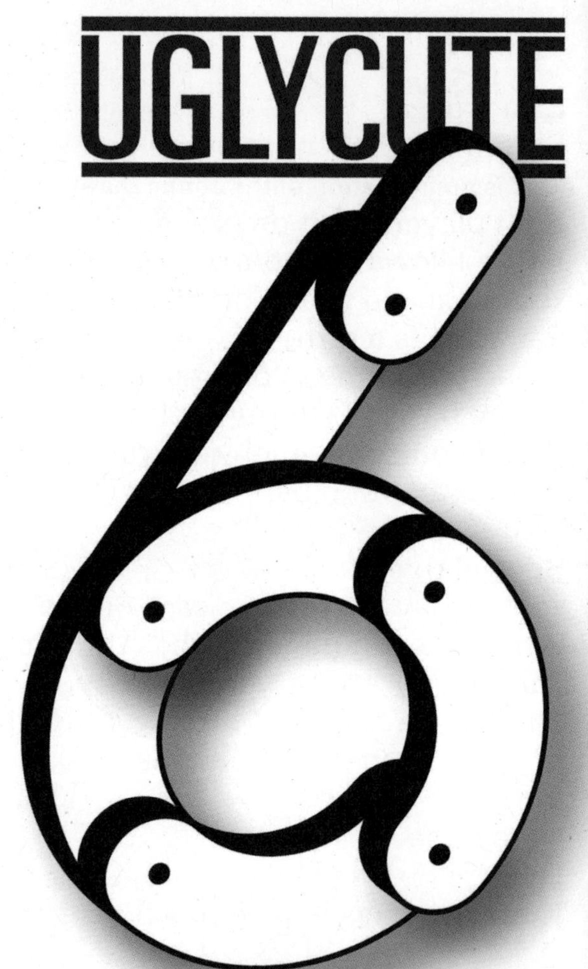

Uglycute

...verbreedt het ontwerpveld door het te kruisen met kunst, architectuur en andere disciplines. Hun acties worden veelal ter plekke gerealiseerd, vaak ook als (tegen)reactie ten opzichte van de designwereld, hoge cultuur en populaire cultuur. Hiermee biedt Uglycute zowel een gefrustreerde ervaring van onze in standaardisering gedrenkte verwachting als een verfrissende verscherping van onze populaire cultuur. Doordat dit team van ontwerpers, kunstenaars en architecten met veel energie het maakproces invliegt, wordt voelbaar hoe gewoon en eerlijk hun werk is. Simpel gezegd: no-nonsense.

It's not just by crossbreeding design with arts, architecture and other professions that **Uglycute** expands fields. Delivering frequent on-site actions that habitually (counter) respond to the design world, high- and popular culture, they offer up a fresh perspective to all of these and present a frustration with our standardisation-drenched expectations. By diving into the making, honesty and normalcy is expressed. Simply said: no-nonsense.

Uglycute

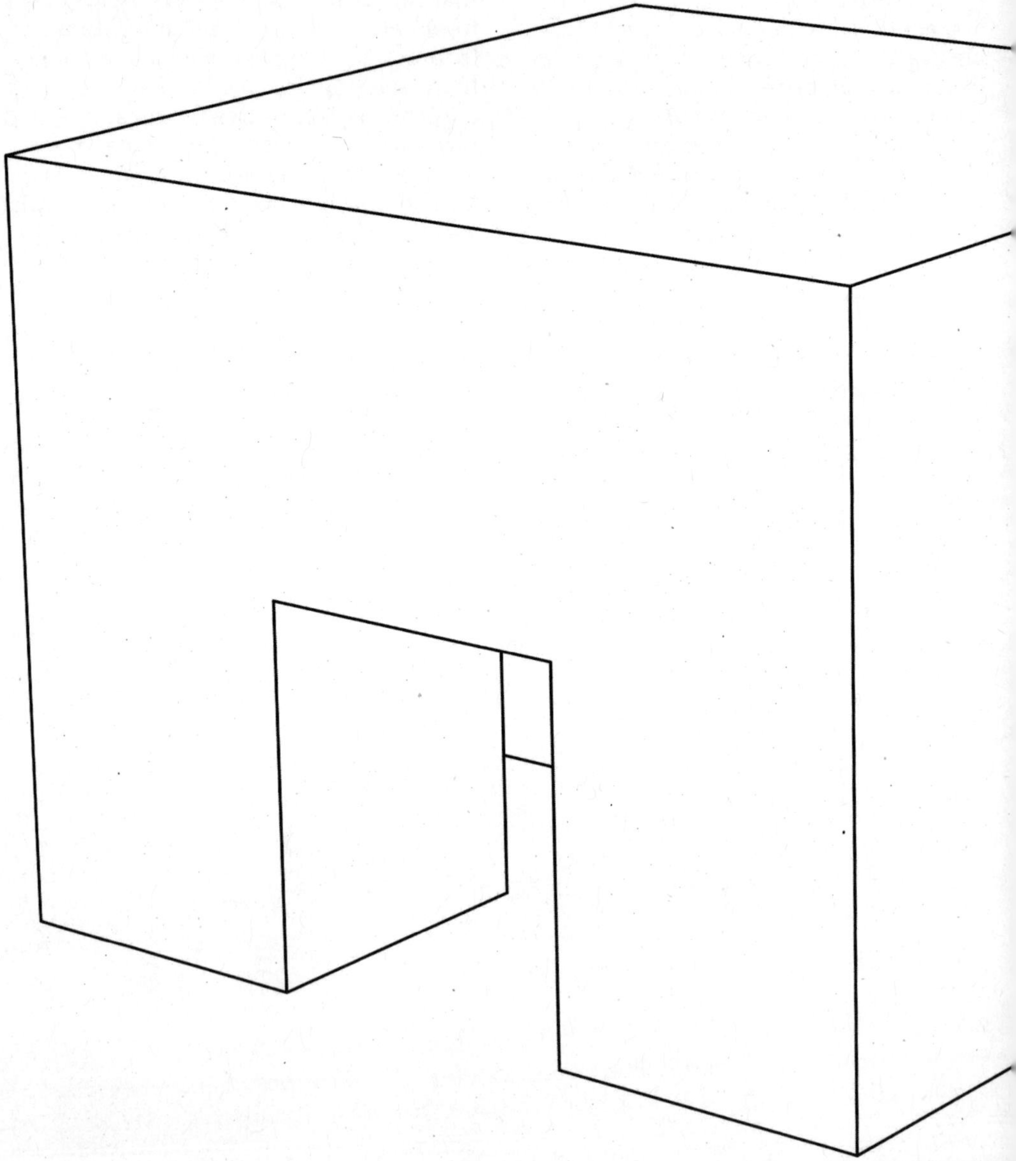

Een nieuwe tafel

Hoe moeilijk is het om te zien hoe veel handwerk en plezier er in de productie van een tafel zit? Waarom maak je er zelf geen? Het is eerlijke arbeid en leuk om te doen.

A new table

Is it that hard to see how much handicraft and joy there is in a table? Why don't you make one as well? It's honest labour and good fun.

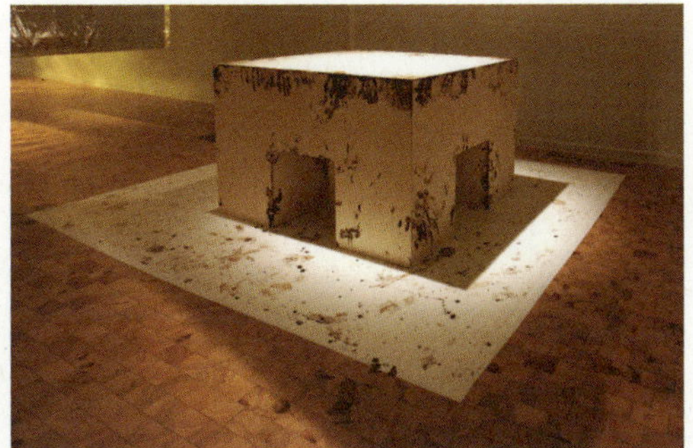

THOMAS, LOMMÉE

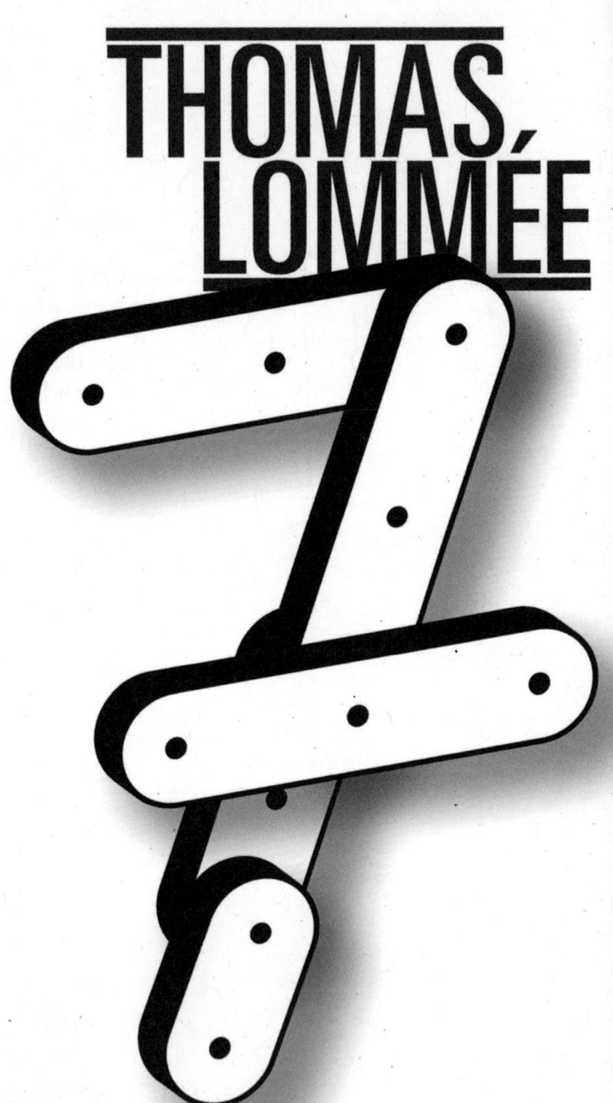

Thomas Lommée

...(1979) is de oprichter van Intrastructures. Een pragmatische, utopische ontwerp-studio, die product-, service- en systeemontwerp als instrumenten voor veranderingen inzet. Vanuit deze filosofie werd in 2007 het OpenStructures project gestart.

OpenStructures is een design-experiment dat onderzoekt wat er gebeurt wanneer mensen objecten ontwerpen op basis van een gedeeld modulair raster. Dit raster fungeert als een gemeenschappelijke standaard die de breedste uitwisseling van onderdelen, componenten, ervaringen en ideeën stimuleert. Ook voedt het de ambitie om samen dingen bouwen.

Dit open modulaire systeem heeft het potentieel om 1) flexibele en dynamische structuren te generen, 2) verscheidenheid binnen de modulariteit te introduceren, 3) hergebruik van verschillende onderdelen te stimuleren, 4) innovatieve samenwerkingen binnen de bouw mogelijk te maken.

Het uiteindelijke doel is het bouwen van een universele puzzel die het breedste scala van mensen laat samenwerken. Van ambachtslieden tot mensen uit het bedrijfsleven: samen ontwerpen, bouwen en wisselen zij de onderdelen uit, wat resulteert in een meer flexibele en schaalbaar gebouwde omgeving voor iedereen.

...(1979) is the founder of Intrastructures, a pragmatic, utopian design studio that offers product, service and system design as tools for change. With this change-oriented mindset the OpenStructures project was initiated in 2007.

OpenStructures is a hands-on design experiment to find out what happens when people design objects according to a shared modular grid, a common open standard that stimulates the broadest possible exchange of parts, components, experience and ideas and inspires to build things together.

An open modular system of this kind has the potential to: 1) generate flexible and dynamic puzzle structures rather than uniform modular entities, 2) introduce variety within modular standards, 3) stimulate recycling of various parts and components,
4) enable collaborative (and thus exponential) innovation in hardware construction

The ultimate goal is to initiate a universal, collaborative puzzle that allows the broadest possible range of parties – from craft to industry – to design, build and exchange the broadest possible range of modular components, resulting in a more flexible and scalable environment.

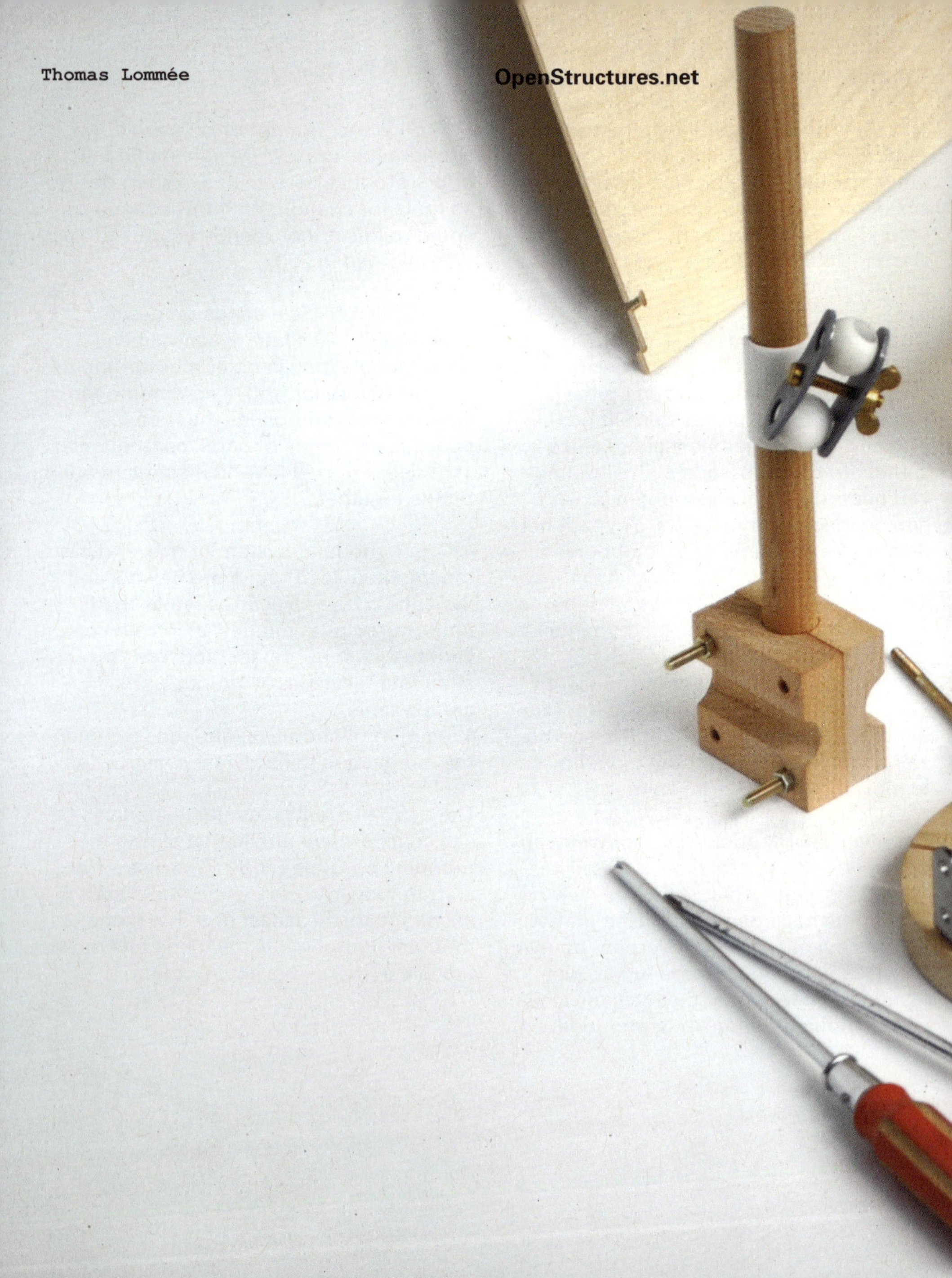
Thomas Lommée
OpenStructures.net

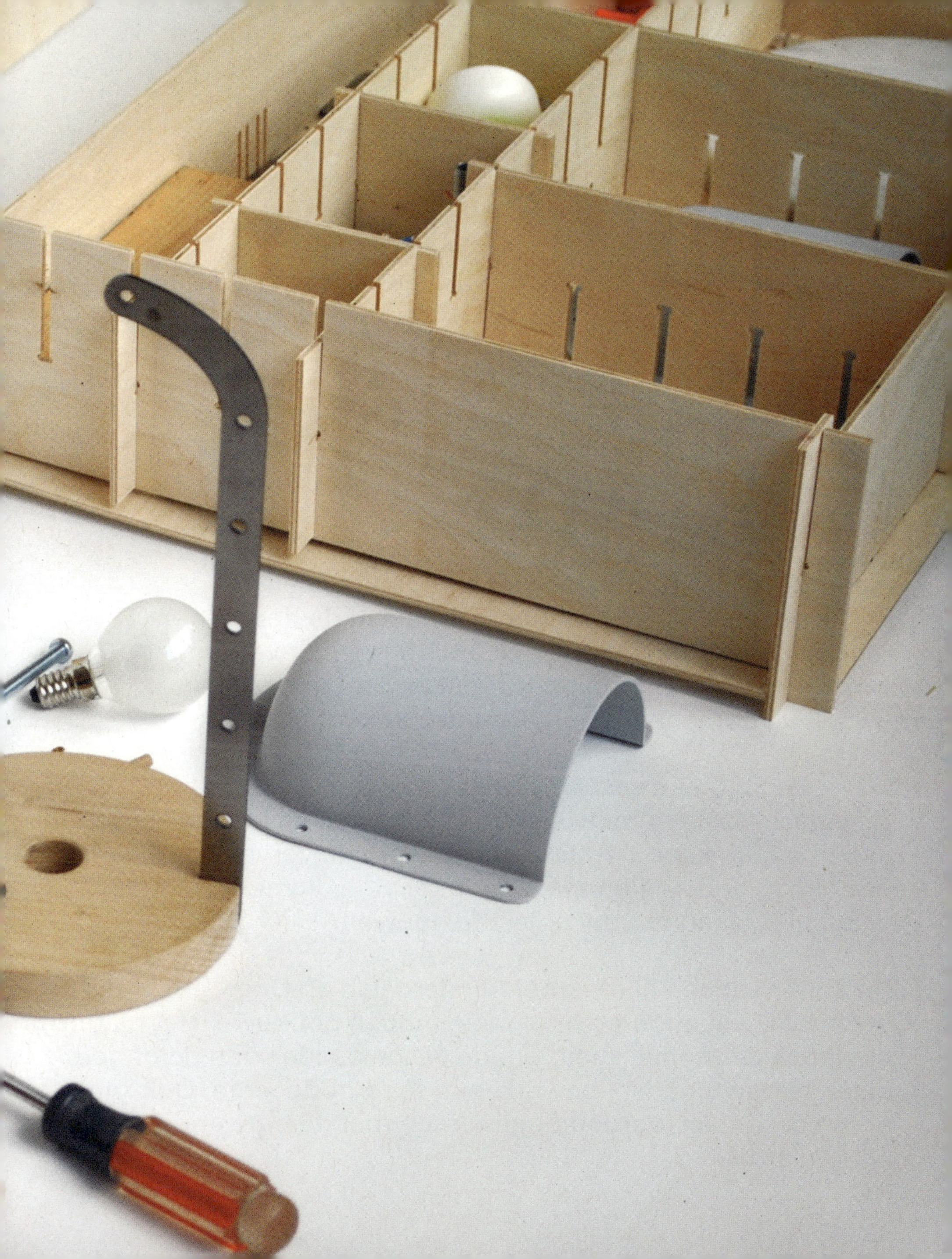

Instructies   <u>3 Spelers</u>

Door het openen van deze doos, bent u aangesloten
bij een open maatschappij van bijdragen: een voortdurend proces van creatie en herconfiguratie. Dit
spel heeft geen begin en geen einde. Het kan alleen
of in een groep gespeeld worden, lokaal of globaal,
overal, altijd en door iedereen, de keus is aan u!

U kunt gebruik maken van de beschikbare onderdelen,
deze bewerken, verveelvoudigen of bijdragen door
nieuwe onderdelen te leveren. U kunt iets nuttigs
bouwen, iets met betekenis, of gewoon
zomaar knutselen.

<u>Belangrijke informatie voordat u begint te spelen.</u>
Bekijk de verschillende onderdelen die in de doos zitten.
Probeer te begrijpen hoe ze zich tot het raster verhouden,
verken mogelijke combinaties met andere onderdelen
en stel u voor wat voor objecten u zou kunnen bouwen.

stap 1 Begin met de bouw van het object naar keuze.
Dit object moet ten minste één van de delen uit de doos bevatten.
Indien nodig, kunt u onderdelen bewerken, verveelvoudigen,
bestaande onderdelen toevoegen, of volledig nieuwe onderdelen gebruiken om uw object te bouwen.

<u>Tip</u> Zoek naar een of meerdere onderdelen op <u>OpenStructures.net</u>
en ontdek wat anderen er al mee hebben gebouwd. Het platform
biedt ook de mogelijkheid om de 3D bestanden van de onderdelen te downloaden, bewerken of te reproduceren. Ook kan
er direct contact worden opgenomen met de ontwerper van
het onderdeel.

Instructions   <u>3 Players</u>

By purchasing this box, you have joined an open society of contribution; an ongoing process of creation and reconfiguration. This game has no beginning and no end. It can be enjoyed as a single player or in a group, locally or globally, anywhere, anytime and by anyone, it is all up to you!

You can use, edit and/or reproduce available parts but you can contribute new parts as well. You can build something useful and/or meaningful... or you can spend your time just tinkering about.

<u>Important notice before you start playing.</u>
Have a look at all the different parts that are in the box.
Try to understand how they relate to the grid,
explore potential combinations with other parts and
imagine what kind of objects you could build with them.

step 1 Start building the object of your choice.
This object has to contain at least one of the parts from the box.
Where necessary, reproduce existing parts and/or add edited or completely new parts in order to build your object.

<u>Tip</u> Look up one or more parts on <u>OpenStructures.net</u> and discover what other people have already been building with them. The platform also allows you to download, edit and reproduce the 3D file of any part or to contact the designer of the part directly.

<u>Tip 2</u> Omdat **OpenStructures** een open systeem is, moedigen we u aan om alle nieuw ontworpen onderdelen te uploaden. Het delen van uw ontwerpen kan anderen helpen, net zoals zij u geholpen hebben.

stap 2 Gebruik het object voor zo lang als u wilt.

stap 3 Pas het object aan wanneer uw stemming of het moment daarom vraagt.

stap 4 Documenteer het object
(Stuur ons de foto: `progress@openstructures.net`)

stap 5 Demonteer het object in functionele onderdelen of afzonderlijke onderdelen zodra het niet langer nodig is.

stap 6 Documenteer alle afzonderlijke onderdelen in één beeld.
(Stuur ons de foto: `progress@openstructures.net`)

stap 7 Plaats alle onderdelen terug in de doos.

<u>NB</u> Vergroot de doos indien de nieuwe onderdelen niet in de originele doos passen.

stap 8 Geef de doos door aan de volgende speler naar keuze.

<u>Tip 2</u> As OpenStructures is an open system we would like to encourage you to upload all the new **OpenStructures** parts that you design while building your object. Sharing your designs allows other users to benefit from your contribution, just like you have benefitted from theirs.

Step 2 Use or play around with the object for as long as you like.

Step 3 Adapt the object to the mood of the moment over time.

Step 4 Document the object.
(Please send us the picture at: `archive@openstructures.net`)

Step 5 When the object is no longer needed, disassemble it into functional components or individual parts

Step 6 Document all separate parts in one picture.
(Please send us the picture at: `archive@openstructures.net`)

Step 7 Place all the parts back into the box.

<u>Important notice</u> If the original box cannot hold newly added parts, please enlarge the box.

Step 8 Pass the box on to a new player of your choice.

Ontwerpprincipes

1) Elk nieuw onderdeel dat wordt toegevoegd aan de doos moet duidelijk betrekking hebben op het OpenStructures raster.

Dit betekent dat er aan ten minste één van de volgende voorwaarden moet worden voldaan:

·Perforatie: de centrale punten moeten op een veelvoud van 20 mm van elkaar afstaan.
·De maat van één of meer inwendige en / of uitwendige diameters: 20 mm.
·Gedeeltelijke afmetingen dienen een veelvoud van 20 mm te zijn.

2) Gelieve voor alle OpenStructures onderdelen en objecten de volgende principes te hanteren:

·Alle voorwerpen moeten worden ontworpen voor demontage.
·Maak zoveel mogelijk gebruik van recycleerbare materialen.
·Alle ontwerpen moeten volledig toegankelijk zijn voor iedereen
 en klaar voor gebruik op elk moment.

Tools

1) Openstructures.net <u>De online onderdelen databank</u>
De OpenStructures onderdelen databank (`www.openstructures.net`) kan u helpen met het kopiëren, bewerken en reproduceren van bestaande ontwerpen en met het delen van eigen ontwerpen. Alle 3D-bestanden van de bestaande onderdelen zijn online beschikbaar. Daarnaast wordt er duidelijk vermeld welke onderdelen er zijn gebruikt in welke objecten.

2) OpenStructures work_shops <u>De fysieke onderdelen databank</u>
Alle activiteiten rondom het ontstaan van de onderdelen kunnen thuis gebeuren of in de OpenStructures work_shops. Deze work_shops bieden een complete infrastructuur voor het downloaden, bewerken, hacken, aanpassen, reproduceren en aankopen van nieuwe of tweedehands onderdelen. Kijk op openstructures.net voor uw lokale work_shop.

Design principles

1) Every new part that you design, produce and add to
the box should clearly relate to the OpenStructures grid.

This means that at least one of the following
conditions should be met:

·Perforation centre points are spaced at a multiple of 20 mm.
·One or more internal and/or external part diameters are a multiple of 20 mm
·One or more part dimensions are a multiple of 20 mm.

2) For all OpenStructures parts and objects the
following general design principles apply:

·All objects must be designed for disassembly.
·Recyclable materials are to be used wherever possible.
·All part designs will be fully open and free for everybody
  to use at any moment.

Tools

1) Openstructures.net The online parts database
The OpenStructures parts database (**www.openstructures.net**) allows you to copy,
edit and reproduce existing designs as well as share your own designs. It provides all
3D files of all existing parts online with a clear indication as to what parts are used in
which objects (and what objects use which parts).

2) OpenStructures work_shops The physical parts databases
All OpenStructures activities can take place anywhere, but you can also turn to the
OpenStructures work_shops. These work_shops offer a complete infrastructure for
downloading, editing, hacking, adapting, reproducing and purchasing new or second
hand parts. Please visit openstructures.net to discover your local work_shop.

STUDIO
JULIEN
CARRETERO

Studio Julien Carretero

...is een multidisciplinaire studio die aan de wieg staat van de ontwikkeling van diverse objecten, meubels, lichtontwerpen, processen, installaties, workshops en tentoonstellingen. De studio onderzoekt en bevraagt hedendaagse productiemethodes en beweegt zich op het grensgebied tussen ambachtsschap en industrie. Ambachtelijke technieken worden geschikt gemaakt voor massaproductie, terwijl grote industriële faciliteiten op de meest eenvoudige wijze worden ingezet.

... is a multidisciplinary practice involved in the design of objects, furniture, lighting, processes, installations, workshops and exhibitions. In an attempt to question contemporary production methods the studio often focuses on the crossover between craftsmanship and industry; artisanal techniques are transformed into serial production processes while heavy industrial facilities are utilised as simple mediums.

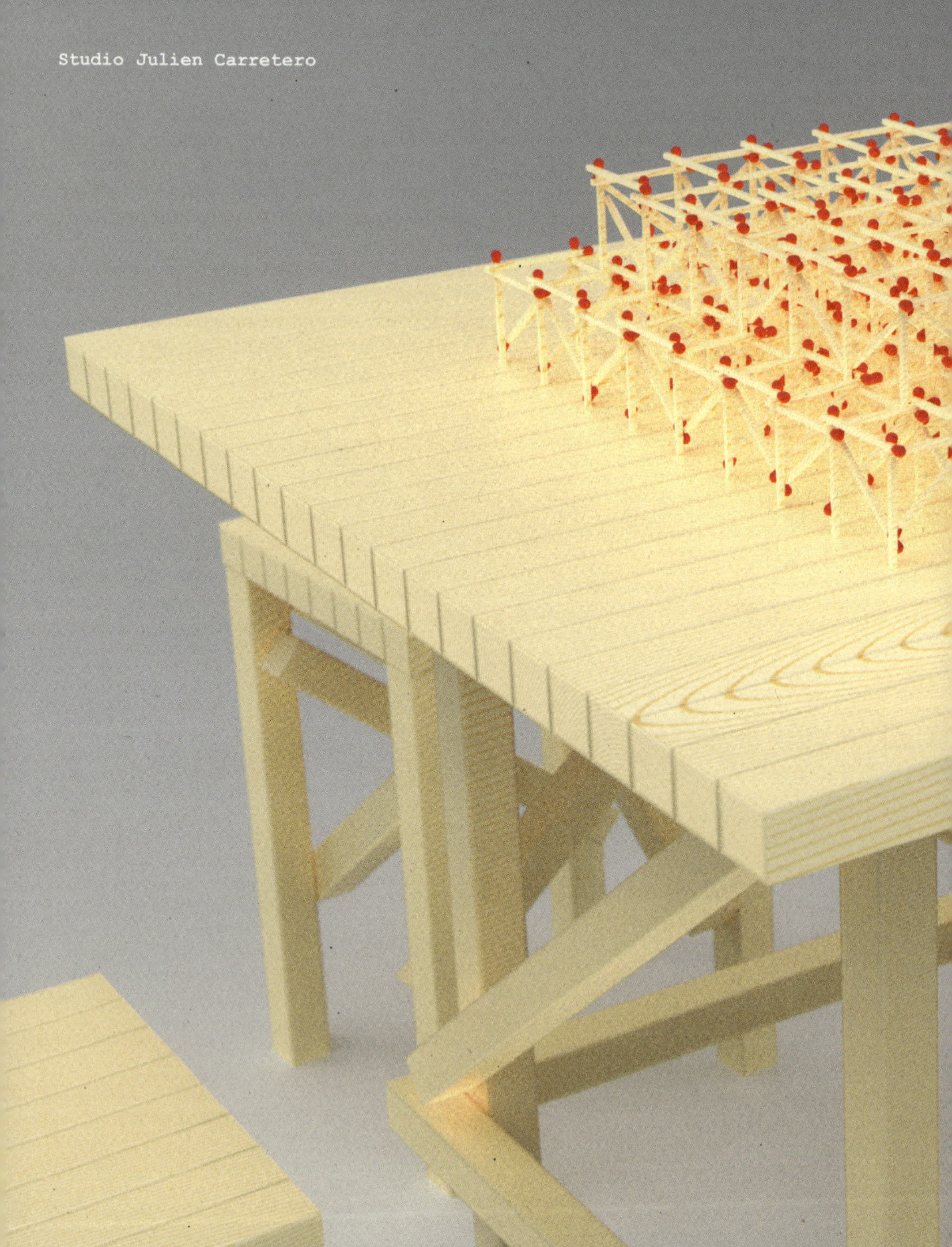
Studio Julien Carretero

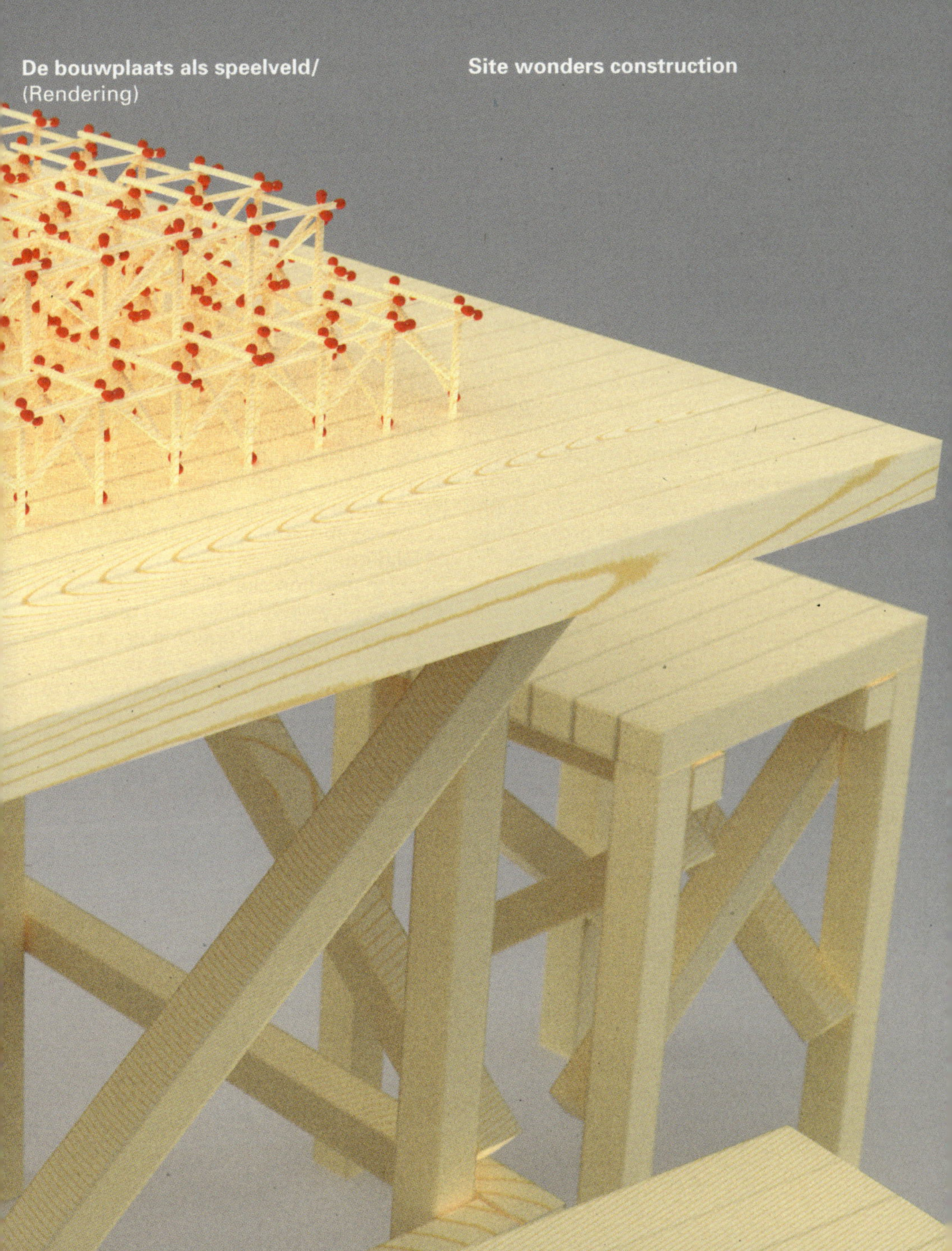

De bouwplaats als speelveld/
(Rendering)

Site wonders construction

De bouwplaats als speelveld

Op het eerste gezicht lijkt het bouwspel van Julien Carretero huiselijk en vriendelijk van formaat, maar tegelijkertijd is dit een spel met megalomane ambities. Spelers worden uitgenodigd met elkaar en met lucifers als enig materiaal een gebouw te construeren. De architectuur van het bouwwerk ligt in handen van de spelers, er is geen voorgeschreven plan of structuur.
Door de eenvoud van het materiaal zal elke speler zich meteen een expert voelen in het bouwproces. Omdat niet duidelijk is hoe het proces zich zal ontwikkelen en waar het zal eindigen, geeft elke deelnemer een deel van zijn eigen individualiteit op. Net zoals de bouwers van grote kathedralen een deel van zichzelf opofferden voor religieuze doeleinden.
De bouwplaats die ontstaat, refereert niet alleen aan de modernistische erfenis van onze samenleving, maar ook aan de huidige participatiesamenleving die door de mens moet worden gebouwd. Dit spel overstijgt dus het bouwen alleen; het gaat ook over de sociale interactie tussen vreemden die aan een gemeenschappelijke taak werken.

Site wonders construction

Julien Carretero offers a construction game, domestic and social in scale, yet megalomanic in the ambition of its productive purpose. Using only matches, players are invited to co-construct a building, the form of which is dictated by the builders themselves, rather than by any prescribed architectonic plan or corporate structure.
The simple material used renders the builder an instant expert. Without knowing how they arrived at this unique and irreversible moment in building history or exactly where the endeavor will end, each participant gives over his individuality, much in the same way that cathedral builders submitted theirs for the sake of religion.
This construction site alludes to the modernist legacy we built together and symptomatically takes the building process into the more ambiguous present; the performance culture of civil society we have to build ourselves. The purpose of this game has as much to do with the challenge of the building action itself as it does with the social interaction of strangers working on a communal task.

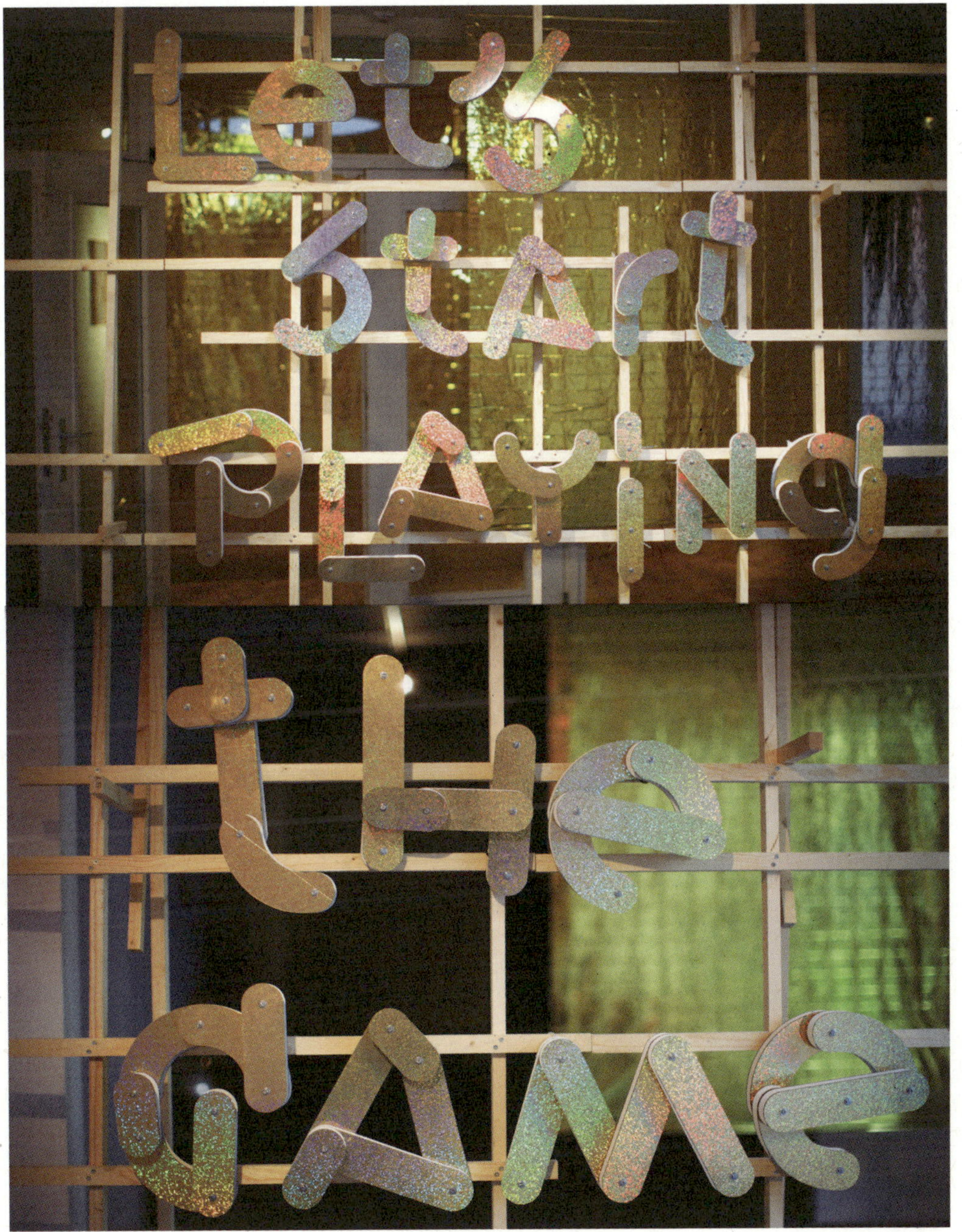

Let's
Start
Playing
the
Game

Anthony Kleinepier

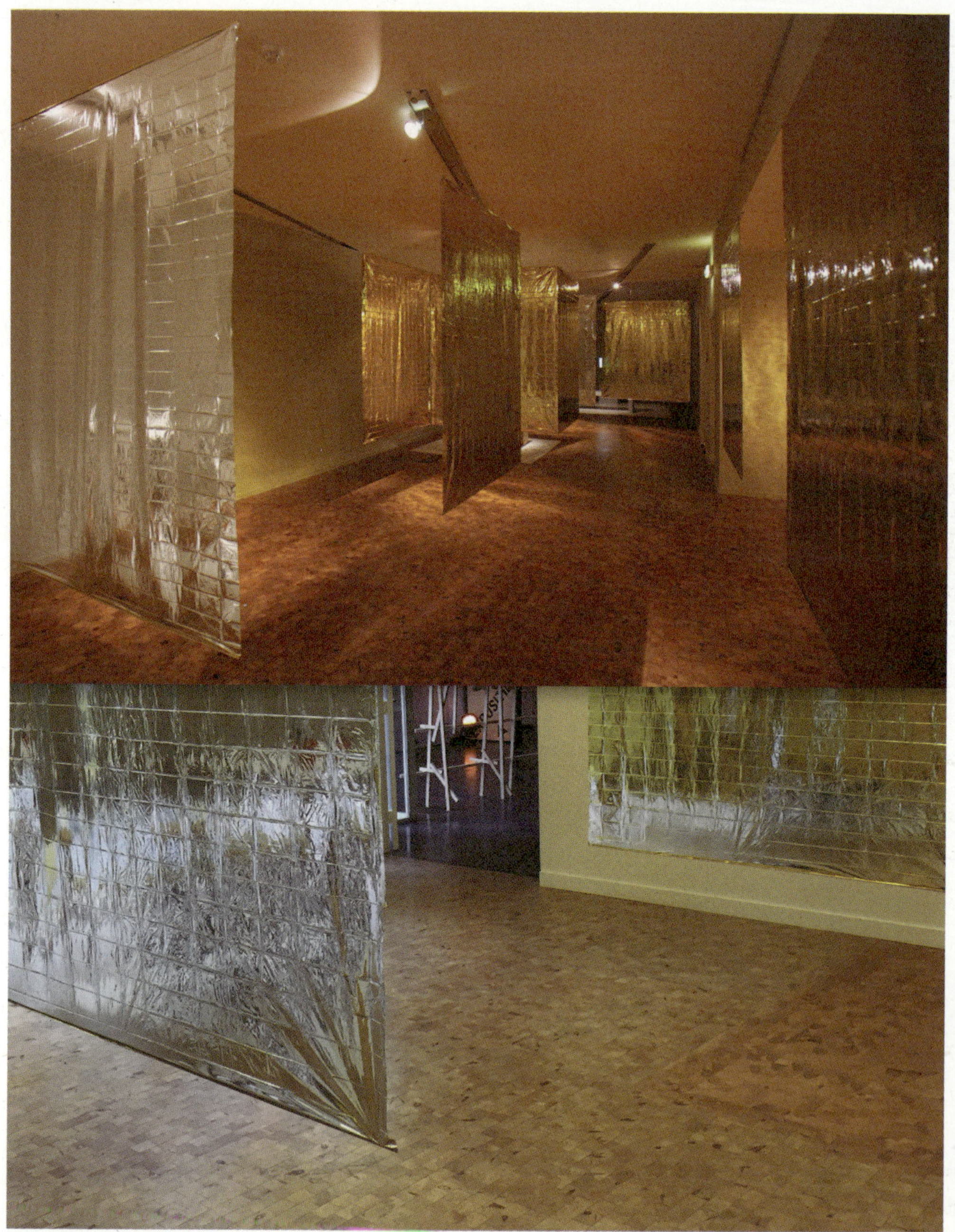

Hel, spel en buitenspel

René ten Bos

Dat het leven een spel is, zo wist Nietzsche (1988: 27) al, betekent vooral dat je het niet te pathetisch en al helemaal niet moreel moet opvatten. Deze grondgedachte, die volgens Nietzsche van Herakleitos afkomstig is, heeft commentatoren ertoe verleid te denken dat de grote Duitse filosoof, net als zijn verre voorganger, het leven niet al te serieus nam. Het begrip 'spel' lijkt iedere vorm van ernst uit te sluiten. Waar pathos en moralisme binnendringen, verdwijnt het spel. In die zin is voetbal bijvoorbeeld geen spel meer, zeker niet in een land waar Johan Cruijff als een grote filosoof wordt gezien. De even dappere als grappige opmerking van wijlen paus Johannes Paulus II over het voetbal als 'het belangrijkste van alle onbelangrijke dingen' is nooit besteed geweest aan mensen die in het spelletje' aanleiding zien voor zware, avondvullende gesprekken.

Spel is lichtheid. Dat maakt het schrijven en spreken erover ook zo moeilijk. De mensen die echt bedreven zijn in spelen – baby's, kinderen, de jeugd in het algemeen – kunnen zich doorgaans niet goed schriftelijk of mondeling uitdrukken. Hun infantiliteit – *in-fans* betekent 'niet kunnen spreken' – staat dat in de weg. Ze spelen en meestal zwijgen ze daarover. Dit is vanzelfsprekend bij de baby die vanuit de wieg een rammelaar naar buiten gooit. Maar ook een gamende puber zal de actie waarin hij zit niet graag verruilen voor een goed gesprek over zijn speelzucht. Dat hij door zijn ouders erop gewezen wordt dat hij in een illusie leeft, is overigens meer *to the point* dan op het eerste gezicht lijkt: 'illusie' komt van illudere en dit betekent letterlijk 'in een spel zijn'. Kortom, wie speelt, geeft zich over aan een zinsbegoocheling. Neem je zo iemand nog serieus? Is Nietzsche zelf serieus te nemen als hij zegt dat alles een spel is? Als hij eraan toevoegt dat alles een droom is en dat hij die droom vooral verder wil dromen, drukt hij dan iets anders uit dan een puberaal gevoel? Mijn these is dat hij juist door over het spel te willen spreken afscheid neemt van het spel.

Wonderland

Wie spreekt of schrijft over het spel, staat dus in zekere zin *buitenspel*. Dat geldt voor Nietzsche. Dat geldt ook voor Eugen Fink, de bekende Duitse filosoof en fenomenoloog die, mede geïnspireerd door Nietzsche, twee zware monografieën over het spel schreef met de titels *Oase des Glücks* (1957) en *Spiel als Weltsymbol* (1960/2010). Hij heeft tal van interessante dingen over het spel te zeggen, maar raakt het spel nooit als speler. Als lezer stuiten we wel op wijsgerige diepzinnigheden: 'De mens heeft de ongehoorde mogelijkheid de schijn als schijn te begrijpen en vanuit zijn eigen spellen (*Spielen*) onder te duiken in het grote spel van de wereld en zichzelf als medespeler in het kosmische spel te zien' (Fink, 1960: 188). Toen ik deze passage las, vroeg ik me in eerste instantie af waarom de mens nog een speler is als hij eenmaal begrepen heeft dat alles een illusie is. Wie de schijn als schijn begrijpt, geeft zijn bestaan als speler op. Het citaat van Fink maakt duidelijk hoe extern iedere reflectie over het spel aan het spelen zelf moet blijven. Natuurlijk, Fink verstaat zijn werk. Hij wijst op het onderduiken, hij wijst op de schijn, hij wijst op de kosmos die het beste begrepen kan worden als een heraclitisch dobbelspel. Zijn duidingen van Nietzsche's speltheorie zijn briljant. Fink ziet in het spel een metafoor voor de menselijke ontologie als zodanig. Alleen in het spel is de mens open en omdat openheid constituerend is voor het menselijke zijn is het spel dus wezenlijk voor de mens.

Dergelijke gedachten gaan terug tot Friedrich Schiller, die met zijn befaamde opmerking dat 'alleen in het spel de mens zijn volledige menselijkheid kan realiseren' (Schiller, 1966: 581) aan de basis zou staan van een filosofische traditie van spelverheerlijking. Let wel: in het spel worden we pas mens, niet in het denken, niet in de lust en al helemaal niet in de politiek. Die beroemde en misschien ook wel beruchte uitspraak van Schiller was het hoogtepunt van een essay met de titel *Über die ästhetische Erziehung des Menschen* dat in 1794 en 1795, hoogtijdagen van de romantiek, werd geschreven. Het is de meest plezierige en 'speelse' tekst over het spel die ik ken, waarschijnlijk ook omdat hij in briefvorm is geschreven. Laat ik een voorzichtige gok doen: misschien is geen geleerde die over het spel schreef ooit dichter bij het spel gekomen dan Schiller. Toch moet men zich hier niet laten misleiden. Bij Schiller is spel nadrukkelijk niet zoiets als met een rammelaar of een bal spelen. Voor hem is het spel niets meer en niets minder dan een noodzakelijke voorwaarde voor de esthetiek. Spelen opent de mens voor de schijn die in alle kunsten centraal staat. Tot schijn, zo voegt Schiller eraan toe, zijn domheid en redelijkheid niet in staat. Mensen die te weinig of juist te veel last van hun verstand hebben, zitten doorgaans veel te diep gevangen in de werkelijkheid. Domheid kan alleen maar teren op werkelijkheidszin en verstandigheid moet een trouwe dienaar van de waarheid blijven (Schiller, 1966: 510).

De vrolijkheid waarmee Schiller het verstand op één lijn met stupiditeit plaatst, is in de filosofische literatuur over het spel zeldzaam. Misschien komt dat omdat de filosofie hardnekkig weigert zichzelf als een spel te zien. Ze is uiteindelijk toch te zwaar en te ernstig om een spel te worden. Natuurlijk zie je bij sommige denkers een dappere poging lichtvoetig als een kind te zijn. De Franse filosoof Gilles Deleuze is hiervan een voorbeeld. Kinderen zijn bij hem constant aanwezig.

Hij noemt de wijze waarop volwassenen het spel van kinderen doorgaans uit de weg proberen te gaan een 'slecht spel', omdat het doelen en regels, maar vooral ook verliezers en winnaars kent (Deleuze, 1968: 152). Een echt spel, zo voegt hij eraan toe, kent geen winnaars en verliezers. Beter nog: in een echt spel is ieder kind altijd de winnaar. Maar kan Deleuze zo'n spel zelf spelen? De filosoof heeft hooguit herinneringen aan het spel, zoals hij ook herinneringen heeft aan zijn kindheid Dat de kinderwereld regelmatig opflakkert in Deleuze's teksten en dat hij kinderen zelfs de allerbeste filosofen vindt ('Kinderen zijn spinozisten', lezen we in *Mille plateaux*, 1980: 313), laat allemaal onverlet dat de filosoof toch buitenspel blijft staan. En van die buitenkant moet hij constateren dat het spel eigenlijk alleen nog maar iets is wat voorkomt in Wonderland. Alleen daar durft men zich nog te openen voor de totale onzin die het spel met zich meebrengt. In de tiende serie van *Logique du sens* (1969: 123) schrijft Deleuze dat het *ideale* spel alleen maar als 'volstrekte nonsens' kan worden begrepen. De regels van zo'n ideaal spel zijn alleen maar helder in die zin dat er geen regels zijn. Preciezer gezegd, iedere regel genereert alleen maar een eindeloze hoeveelheid nieuwe regels. Het gevolg is dat de spelers constant met andere situaties te maken krijgen en nooit weten hoe zij, om het met Wittgenstein te zeggen, moeten verdergaan. Heel veel regels zijn, gek genoeg, hetzelfde als geen regels. Natuurlijk, het meisje Alice dat Wonderland bezoekt, redt zich prima in deze overgereguleerde en tegelijkertijd regelloze wereld. Volwassenen zouden van deze ongelimiteerde openheid naar mogelijkheden knettergek worden. Voor de naar redelijkheid hunkerende filosoof is de wereld van het ideale spel niets meer en niets minder dan de hel. Want de hel is – tal van schrijvers in zowel de filosofie als de wereldliteratuur hebben daarop gewezen – niets anders dan een zee van zuivere mogelijkheden, een totale vormloosheid die ervoor zorgt dat je nooit weet wat je moet doen, wat je wilt worden, wat je kunt zijn. Het ideale spel, ook al is het slechts een gedachte-experiment, is de hel.

Speelland

Een wereld waarin kinderen door middel van het spel de macht grijpen, is alles wat denkt en prakkiseert een gruwel. Niemand minder dan Carlo Collodi, de bedenker van Pinocchio wist dat al. Op een bepaald ogenblik laat hij zijn protagonist een bezoekje brengen aan een wereld waar de weken alleen maar uit zaterdagen en één zondag bestaan en waar de vakantie begint op 1 januari en ophoudt op 31 december. Deze wereld is een soort speelwereld die in de Nederlandse vertaling omschreven wordt als het 'Land van de Domkoppen'. Hier is de meest indringende beschrijving van deze infantiele dystopie:

'Het was een land dat in niets leek op de andere landen in de wereld. De bevolking bestond alleen maar uit kinderen. De oudsten waren veertien en de jongsten amper acht jaar oud. In de straten was er zoveel vrolijkheid, lawaai en geroep dat het genoeg was om het hoofd van elk kind op hol te brengen. Overal waren er groepen kinderen. Sommigen speelden met noten, sommigen met badmintonrackets en sommigen met ballen. Sommigen reden met een step, anderen op houten paarden. Een groepje speelde verstoppertje, een paar anderen zaten achter elkaar aan. Sommigen zegden rijm-pjes op, sommigen zongen en anderen dansten. Er waren er die zichzelf amuseerden door op hun handen te lopen met hun voeten in de lucht; anderen renden achter een hoepel of paradeerden rond, verkleed als generaal, met helmen van bladeren en bevelen gevend aan een regiment kartonnen soldaten. Sommigen lachten, sommigen riepen, sommigen gilden; anderen klapten in hun handen, of floten, of kakelden als een kip die net een ei had gelegd. Op elke straathoek stonden er poppenkasten en ze zaten van 's morgens vroeg tot 's avonds laat vol met kinderen. Op de muren van de huizen waren slogans geschreven met houtskool: 'Lang lefe het speelchoed; wij willen geen skool meer zien; wech met de wiskunte' en nog andere fijnzinnige dingen, allemaal slecht gespeld' (Collodi, 1883/2010: 145).

Dit is een soort hel die de beroemde 'hel', de klas van meester De Bree uit Ferdinand Bordewijks *Bint*, laat verbleken. Er is namelijk maar een ding erger dan school, aldus Collodi, en dat is helemaal geen school. Anders gezegd, niets is zo erg als alleen maar spelen, want spelen is druk, dom, pesterig, hysterisch en bovenal lawaaierig. Een klein bezoek aan de schoolpleinen gedurende de schoolpauze geeft misschien een goede indruk van hoe hels dat spelen is. In zijn monumentale studie naar de geschiedenis van het lawaai kwam de Amerikaanse cultuurfilosoof Hillel Schwartz (2011: 479) niet voor niets op het idee om schoolpleinen of speeltuinen in het algemeen als paradigmatische voorbeelden van kabaal te benoemen.

Op basis van mijn eigen ervaringen als verwoed schaakspeler wil ik hier het volgende aan toevoegen: niets is lawaaieriger dan een zaal vol zwijgende schaakspelers. Men tikt met vingers, men trilt met benen, men hoest als een astmalijder, men slurpt koffie en men fluistert net iets te luid. Bij dit alles speelt, zoals bij alle spelen het geval is, pesten een grote rol. Er zou eens een filosofische studie over de samenhang tussen pesten en spelen moeten worden geschreven. Er is naar aanleiding van een aantal tragische zelfmoordgevallen onder tieners in ons land een discussie over de morele toelaatbaarheid van pesten ontstaan. Die discussie is vooral zo interessant omdat pesten, precies zoals ook Schiller al vermoedde, zo onlosmakelijk deel uitmaakt van het spel. Pesten verbieden krijgt daarom iets tegennatuurlijks omdat spelen nu eenmaal in onze aard zit. Om het anders en veel hardvochtiger te zeggen: kinderen die wanhopig worden van het eindeloze getreiter, hebben de betekenis van in de put zitten bij het ganzenborden nooit goed begrepen. Ik wil hiermee natuurlijk niet suggereren dat we niets aan de terreur van het treiteren moeten doen. Wel doen we er goed aan te beseffen hoe moeilijk het is om er wat aan te doen, niet alleen in de schaakspeelzaal of op het schoolplein, maar in het leven zelf. Nu zou Wittgenstein misschien zeggen dat pesten niet constituerend voor het schaakspel kan zijn, maar ik vraag me dan af of hij ooit eens in een schaakspeelzaal heeft gezeten.

Ik kom aan het slot van mijn overwegingen op Wittgensteins ideeën over wat wel en niet constituerend is voor het spel terug. Voorlopig wil ik het houden bij de gedachte dat schoolpleinen en schaakspeelzalen niet zoveel van elkaar verschillen: achter een wereld van speelplezier gaat een wereld van talloze kleine en grote ergernissen schuil.

Buiten de tijd

Toch zou je er ook op kunnen wijzen dat ergens in de massale weigering volwassen te worden de kiem van een moeilijk grijpbaar geluk moet zitten. Collodi weet dat ook: Pinocchio is volgens hem in de speelwereld slechts vijf maanden gelukkig. Ik herhaal: *slechts* vijf maanden. Daarna keert onze held, een illusie armer, met hangende pootjes terug bij allen die, anders dan de jongens in Speelland, het beste met hem voor hebben. Daarmee keert hij ook in de tijd en zelfs in de geschiedenis terug. Iedere utopie of dystopie, hoe infantiel ook, bevindt zich buiten de historie. Allemaal waar, maar wie zou er niet tekenen voor vijf maanden geluk? Als alle geluksmomenten in mijn leven in totaal vijf maanden duren, dan kan ik mezelf als een gezegend mens beschouwen. In een essay met de titel Playland. *Reflections on history and play* (2007) heeft de Italiaanse filosoof Giorgio Agamben gewezen op het opvallende gegeven dat tijdens het spel de tijd vergeten lijkt te worden. In Speelland zijn er geen maandagen, dinsdagen, enzovoort meer. Alle jongetjes die er wonen blijven altijd even oud. Verlies van tijdsbesef is iets wat iedereen die speelt, of het nu ganzenborden, schaken of voetballen is, ervaart. Deze ervaring heeft tal van commentatoren ertoe verleid te denken dat spelen en mystiek iets met elkaar gemeen hebben.

Daar valt zeker wat voor te zeggen, maar Agamben wil in zijn stuk over het spel mystiek niet centraal stellen. Het gaat hem om het tot uitdrukking brengen van een speelervaring als iets wat zich buiten de tijd bevindt. Ik wees er al op hoe moeilijk het is spelen om te zetten in taal. Nu begrijpen we misschien beter waarom: taal is in tijd opgenomen, spelen verlost ons ervan. Agamben knoopt aan bij de Franse antropoloog Claude Lévi-Strauss. Deze beweerde in één van zijn meest gelezen boeken, *Het wilde denken* (1981), dat het verschil tussen rite en spel hierin bestaat dat de rite gebeurtenissen in structuren omzet en dat spelen structuren in gebeurtenissen omzet. Dit is een moeilijke gedachte, die Agamben echter uitvoerig, zij het niet echt toegankelijk, becommentarieert:

'[W]e kunnen dus zeggen dat de functies van rites erin bestaan de contradictie tussen mythisch verleden en het heden buiten werking te stellen, de interval die beide van elkaar scheidt te vernietigen en dan alle gebeurtenissen wederom in een synchronische structuur op te nemen. Het spel levert ons precies het tegenovergestelde: het neigt ertoe de band tussen heden en verleden te verbreken en de hele structuur af te breken en tot gebeurtenissen te verkruimelen. Als het ritueel dus een machine is die diachronie omzet in synchronie, dan is omgekeerd het spel een machine die synchronie omzet in diachronie' (Agamben, 2007: 83).

Sommige antropologen hebben gesteld dat de rite niet om inhoud gaat, maar om vorm. Als we dit in ons achterhoofd houden, dan kunnen we misschien begrijpen wat Agamben bedoelt: door de pure vorm slaagt de mythe erin wat tijdloos is – het heilige, het mythische, het onvergankelijke – toch een plaats in onze tijd te geven.

Rites houden zich aan de tijd en zijn in deze zin gestructureerd. Ze hebben een vorm gekregen. Tegelijkertijd openen ze vergezichten op het ongestructureerde, het wonderlijke, het vormloze. In het spel daarentegen vergeet men de tijd en levert men zich uit aan het ongestructureerde en het vormloze. Waar het bij de rite gaat om vergezichten op of het in herinnering brengen van wat ooit buiten de tijd was zonder dat je verleid wordt die tijdloze dimensie nog eens binnen te stappen, daar gaat het bij het spel om een verleiding je direct onder te dompelen in vormloosheid en tijdloosheid.

Ho, ho, hoor ik de lezer nu misschien zeggen: 'Beweert u nu echt dat spelen zich buiten de tijd afspeelt? Is het niet zo dat schaakpartijen met een klok gespeeld worden? Spreken we niet voor niets van een "speelkwartier" op school?' Het punt is natuurlijk dat het zuivere spel en de zuivere rite niet bestaan. Daarom spreekt Agamben in de zojuist geciteerde passage ook over 'tendensen', iets wat ik in mijn vertaling met het woord 'neigt' heb proberen weer te geven. De illusie van de jongetjes die Pinocchio ontmoet in Speelland bestaat erin dat ze denken dat ze echt buiten de tijd staan. De illusie verbrokkelt op een gegeven ogenblik bij Pinocchio. Rituelen gaan zich weer aan hem vastzuigen en hij keert terug naar de tijd en dus naar school. Toch zal hij, net als Deleuze, het spelen nooit vergeten.

Knikkerspelen

Er is geen ritueel zonder spel en geen spel zonder ritueel. In die zin is een zuiver vormloos spel niet mogelijk. Precies zoals een scheidsrechter bij een voetbalwedstrijd door een toss met een munt aangeeft wie het spel mag beginnen (en we nemen, met Johannes Paulus II, gemakshalve even aan dat voetbal een spel is), zo bepalen schaakspelers door middel van een toss met de zwarte en witte koning wie het spel mag beginnen en door het indrukken van een klok wanneer het spel begint. In die zin bestaat het zuivere spel niet. Een dergelijke gebeurtenis is voor ons niet weggelegd, ook al leven we in een tijd die ons, als een nietzscheaanse puber, wil laten geloven dat alles een spel is. Die laatste gedachte is vooral verleidelijk als men gelooft in de triomftocht van het kapitalisme en dat we door dit kapitalisme voorbij de geschiedenis of voorbij de tijd, zoals sommige politieke commentatoren hebben beweerd, zijn geraakt. Politici, anders dan Pinocchio onverbeterlijke domoren, gedragen zich alsof ze in Speelland zijn terechtgekomen. Maar ook bestuurders en ondernemers leggen ons uit dat alles een spel is, een 'spel om de knikkers' weliswaar, maar toch een spel. Naar aanleiding van mijn overwegingen kunnen we echter stellen dat ook een spel met knikkers geen zuiver spel is. De afbraak van rituelen die deelname aan dit knikkerspel mogelijk maakt – denk aan de Harvard Business School, MBA-opleidingen in het algemeen, zelfhulpliteratuur en dergelijke meer – is zelf ook ten diepste ritueel, ook al betreft het een hopeloos destructief ritueel waarin de nieuwsgierigen leren dat hebzucht – *Greed is good!* – de belangrijkste morele voorwaarde voor deelname is. Wie er niet aan deel wil nemen, staat volgens de deelnemers zelf voorgoed buitenspel. Maar ook deze deelnemers zullen vroeg of laat moeten begrijpen dat steeds meer mensen bereid zijn zichzelf buitenspel te zetten. De *indignitas*- of *Occupy*-beweging zijn daar onze meest recente voorbeelden van. Zij kennen het verhaal van Pinocchio maar al te goed en proberen duidelijk te

maken dat het maar eens met de illusies van het grootkapitaal afgelopen moet zijn.

De pointe
Maar laten we niet al te veel bij de politieke implicaties van deze reflecties over spel en ritueel blijven stilstaan. Ik wil aan het einde van mijn betoog een passage uit Wittgensteins *Filosofische onderzoekingen* in herinnering roepen en zij brengt ons nog eenmaal terug naar het schaakspel dat mij zo dierbaar is. In fragment 563 vraagt Wittgenstein zich af of het tot de rol van de koning in het schaakspel behoort dat hij door de spelers gebruikt wordt bij het loten. Een fragment later geeft hij ons iets wat op een antwoord lijkt: 'Ik ben dus geneigd, ook in een spel [net als in notaties, schrift, taal] een onderscheid te maken tussen wezenlijke regels en niet-wezenlijke regels. Het spel, zou je kunnen zeggen, heeft niet alleen regels, maar ook een *pointe*' (Wittgenstein, 2004: 198-199). De laatste zin in dit fragment is even mysterieus als belangrijk. Het spel heeft niet alleen regels, maar ook een pointe. Als ik het goed begrijp is de pointe niet wezenlijk voor het spel, maar hoort ze er toch op de een of andere manier bij. Wie de spelregels leest van een willekeurig bordspel – laten we zeggen halma, trivial pursuit of ganzenborden – zal het opvallen dat daarin ook altijd aanwijzingen staan over wie moet beginnen en in welke volgorde ('met de klok mee' is hier een significante uitdrukking!) het spel moet verlopen. In zekere zin zijn dit onwezenlijke elementen voor het spel, omdat ze ons niets zeggen over de mogelijkheden die het spel in zich heeft. De paradox hier is echter wel dat ze het spel mogelijk maken. Iets dergelijks geldt dus ook voor de toss

met koningen in het schaakspel. Hoewel de regels niet wezenlijk zijn voor het spel, maken ze het spel wel mogelijk. In fragment 567 stelt Wittgenstein dan ook dat degene die denkt dat de toss een wezenlijk onderdeel van het schaken is, de pointe mist. Ik vermoed dat Wittgenstein heel goed weet dat onder schakers het woord 'pointe' heel populair is. Een schaker kan bijvoorbeeld een zettencombinatie doen die aanvankelijk niemand onder de omstanders begrijpt, maar die afgerond wordt met een beweging op het bord waardoor iedereen ineens duidelijk wordt wat nu eigenlijk de bedoeling was. Dat inzicht komt vaak als een verrassing, soms zelfs als een donderslag bij heldere hemel, bijvoorbeeld als de tegenstander de zet of combinatie van zetten helemaal niet heeft zien aankomen en daardoor in een psychische hel belandt (en geloof me: schakers bevinden zich vaak in een hel!). Welnu, de pointe van de toss als iets wat onwezenlijk is voor het spel is nu precies dat alleen het onwezenlijke het spel mogelijk maakt. Of anders gezegd, het spel – in ons geval een schaakspel – kan alleen mogelijk worden door wat niet tot het spel behoort: de toss, een schaakklok, het lawaai, het getreiter, de zaal, alle omstandigheden – hoe onwezenlijk ook – die schaken tot schaken maken. In de context van Wittgenstein zijn deze overwegingen van elementair belang omdat hij onze hele taal als een spel ziet. Dat betekent dus ook dat de taal zijn mogelijkheidsvoorwaarde vindt in het niet-talige (stilte, gebaren, stemgeluiden, de ervaring dat men taal verwerft of gaat spreken, onze lichamelijkheid, enzovoort). In het begin van dit essay beweerde ik dat ouders die hun kinderen uitlegden dat ze al gamend in een illusie leven zeer to the point handelden. Schiller zou dat nooit hebben

begrepen: hij vindt die ouders domkoppen of rationalisten. Maar ik hoop dat nu toch de diepere betekenis van dit schijnbaar onschuldige zinnetje over ouders en hun gamende kinderen duidelijk is: de pointe van al het spelen in de wereld is dat je niet volledig kunt ondergaan in het spel omdat er altijd een niet-wezenlijke regel buiten het spel is die het spelen pas mogelijk maakt. Het ideale spel, we zagen het al, bestaat niet. Zo zijn we dus, aan het einde van dit verhaal gekomen, weer een illusie armer. Het is het lot van filosofen die over spelen nadenken.

Literatuur/Literature

Agamben, G. (2007). In Playland. Reflections on history and play. In: G. Agamben, *Infance and history. The destruction of experience.* Londen: Verso, 73-96.

Collodi, C. (1883, 2010). *Pinocchio. Het verhaal van een pop.* Zie: http://archive.org/details/PinocchioHetVerhaal-VanEenPop_ 969 (bezocht op 11 mei 2013).

Deleuze, G. (1968). *Différence et répétition.* Parijs: PUF.

Deleuze, G. (1969). *Logique du sens.* Parijs: Éditions de Minuit.

Deleuze, G. en F. Guattari (1980). *Mille plateaux. Capitalisme et schizophrénie II.* Parijs: Éditions de Minuit.

Fink, E. (1957). *Oase des Glücks: Gedanken zu einer Ontologie des Spiels.* Freiburg/ München: Karl Alber.

Fink, E. (1960, 2010). *Spiel als Weltsymbol. Eugen Fink Ges-amtausgabe.* Band 7. Stuttgart: Albers.

Lévi-Strauss, C. (1981). *Het wilde denken. Essay.* Amsterdam: Meulenhoff

Nietzsche, F. (1988). Die Geburt der Tragödie. In: G. Colli en M. Montinari (red.) *Kritische Studienausgabe.* Band I. Berlijn: De Gruyter, pp. 9-156.

Schwartz, H. (2011). *Making noise. From Babel to the big bang and beyond.* New York: Zone Books.

Schiller, F. (1966). Über die ästhetische Erziehung des Menschen in einer Reihe von Briefen. In: F. Schiller, *Werke in drei Bänder. Zweiter Band.* München: Carl Hanser, pp. 445-520. Nederlandse vertaling: Brieven over de esthetische opvoeding van de mens. Amsterdam: Octavo publicaties 2009.

Wittgenstein, L. (2004). *Filosofische onderzoekingen.* Amsterdam: Boom.

Mr. Hanna's fugazi … or: the (im)morality of play

René ten Bos

Abstract

If life as such is a game, as some philosophers have it, we may also wonder whether capitalism can be understood as a game. The point of departure is a scene from *Wolf of Wall Street*, a film by Martin Scorsese, in which it is suggested that capitalism can only be played. If that is true, one might wonder what the moral consequences might be. It is argued that a certain boyishness can be seen as an important part of the game. However, it is also argued that there is no reason to embrace juvenile ecstasy. Only in places like Wonderland do we have ideal games. Elsewhere – and we may hope in Wall Street too – we have to pay the price for living an illusion and this price is precisely disillusion.

The most iconic scene in Martin Scorsese's film **Wolf of Wall Street** (2011) is undoubtedly the one in which the director of a broker's company engages in what seems to be an act of tribal chanting. The event is taking place in a luxurious rooftop restaurant in New York, not exactly a location where one might expect expressions of tribalism. While he thumps his chest with his right fist, Mr. Mark Hanna hums a monotonous yet mesmerizing melody that leaves his companion, a young ambitious broker called Jordan Belfort, befuddled. A few seconds later, it turns out that Mr. Hanna, a role played by the Texan actor Matthew MacConaughey, is keen on explaining the new employee what the "name of the game" is. What follows is a dizzying rant on champagne, cocaine, masturbation, and hookers.

Belfort, the principal character in the film played by Leonardo di Caprio, admits that he is "incredibly excited" to be part of Mr. Hanna's firm. Excited as he is, he wants to bring in some ideas about a better service for clients. The boss, however, rudely interrupts him:

```
"Fuck the clients. Your only
responsibility is to put meat
on the table. (…) The name of the
game is to move the money from the
client's pocket into your pocket."
```

Somewhat hesitatingly, Belfort tries to reconcile his boss's unmitigated moral egoism with at least some concern about the client: "Right. But if you can make the client's money at the same time, it's advantageous to everyone, correct?" Mr. Hanna then decides to open the young man's eyes:

```
"No. Number one rule of Wall Street.
Nobody, I don't care if you're Warren
Buffet or if you're Jimmy Buffet, no-
body knows if a stock is gonna go up,
down, sideways or in fucking circles,
least of all stock brokers, right?
(…) It's all a fugazi. Do you know
what fugazi is?"
```

```
"Fugazi, it's a fake..."
```

```
"Yeah, fugazi, fogazi. It's a wazi,
it's a woozi. It's...fairy dust. It
doesn't exist, it's
never landed, it is no matter, it's
not on the elemental charge. It's not
fucking real."
```

To be a broker, young Belfort learns, is to partake in an illusory world, a world so unreal that at least some of its more notorious inhabitants describe it as nothing more than a game. In what follows, we are not so much interested in the way that the story about Jordan Belfort develops. Let us simply state that the makers of the film have claimed that it is based on *real* events. It is as if they wanted to let the spectators know that in the heart of our capitalistic system – and who would seriously doubt that Wall Street can be seen as the throbbing center of capitalism? – illusion rather than reality reigns supreme. It only requires a certain sense of realism to understand this.

But what does it in fact this mean? What is, in other words, the *fugazi wazi woozi* Mr. Hanna is ranting about? Well, we will see that it is all about playing games.

Play versus seriousness

Life as such is a game, Nietzsche (1988. P. 27) once argued. What he meant by this, perhaps very much in line with what Mr. Hanna is thinking, is that life should not be taken with too much pathos, let alone too much morality. This basic truth, which Nietzsche himself links to Herakleitos, has persuaded many commentators to think that the great German philosopher, like his ancient predecessor, did not take life very seriously. Words like 'game' and 'play', after all, seem to exclude any seriousness and gravity. Where pathos and morality set in, playfulness is on the wane. Football, to mention just one obvious example, is not a game anymore – it has become business or drama. It has long ago risen out of its playfulness. Not too many football commentators or football trainers today would applaud the remark once made by the late pope John Paul II about football "as the most important of all the unimportant things". A game, the pope might have surmised, might attract millions of people, but that is not to say that it is really important. It is, as

the Dutch historian Johan Huizinga, used to claim, *'superabundans'* or superfluent (*quoted in:* Van Hoorn, 1994, p. 6).

For Huizinga, who is still considered to be a beacon in game studies, the problem of modern society is basically that we are not capable anymore to make a razor-sharp distinction between playfulness and seriousness (Rodriguez 2006). As a consequence, we refuse to take seriously what is in fact serious (e.g. politics, culture, or the stock market). Perhaps even more ravaging, however, is that we do the opposite, i.e. we take seriously what is not serious (e.g. sports like football). Of course, today one may wonder who in our society still has the authority to determine what is serious and what is not, but for Huizinga, writing in the *interbellum*, this was actually an all-important question with which he struggled not only in **Homo Ludens** (1938), but also in a few works preceding it. His inaugural lecture, published in 1933, literally translates as *About the distinction between play and seriousness in culture.* Even more important is *The Shadows of Tomorrow* (1935) that sets out to offer us a very bleak picture of our society due to the fact that we lost our sense of gravity.

Here, Huizinga introduces the concept of *puerilism* precisely to denote the process with which people have learned to take seriously what is not serious at all and to take lightheartedly what should be taken seriously. Both processes are considered by him to be very dangerous. In *The Shadows of Tomorrow*, Huizinga takes a very moral position: wise people should not bring seriousness to play or playfulness to what is serious. Those who do, stand accuse of puerilism. Puer is the

Latin word for 'boy' or 'lad' and is etymologically related to 'puberty'. I will return to the problem of boyhood in relation to play later on in the chapter. For now, it suffices to remark that the masturbating scoundrels we see in *Wolf of Wall Street* are very 'boyish', to say the least. It are not the elderly who are running the show and who are menacing the lives of the virtuous and diligent. On the contrary, young people understand the rules of the game. Even Mr. Hanna, although tried and tested, is still somewhere in his thirties.

To put Huizinga's position as clearly as possible: a society that increasingly indulges in its own boyishness is a society that opens the gateway to the barbarians. Full stop. Puerilism is "the attitude of a community whose behavior is more immature than the state of its intellectual and critical faculties would warrant, which instead of making the boy into the man adapts its conduct to that of the adolescent age" (1935, p. 166). The diagnosis is very clear: in a culture where everybody wants to remain an adolescent, things cannot but go wrong. "On the one hand", Huizinga solemnly explains, "activities of a professedly serious nature and universally regarded as serious… come to be permeated by the spirit of play and to bear all the characteristics of play; on the other, activities admittedly of a play-character come to lose the true quality of play because of the manner in which they are carried on" (1935, p. 164). The problem of the adolescent society is that people have lost their sense for self-respect or respect for others, that they do not understand decorum anymore, that they do no longer understand what duty is and how duty precedes individual want and need and, finally, that they do not have time for reflection.

Three years later, in *Homo Ludens*, we see a historian who apparently has given up his courageous and lonesome battle against insanity. Now, Huizinga (1938, p. 12) acknowledges that "the distinction between play and seriousness will remain soaring (*zwevend*) forever." There is no razor-sharp distinction, we read over and over again. It is as if the militancy of the conservative cultural critic has been replaced by the aloof historian who has resigned himself to the sordid state of our society. In *Homo Ludens*, play and seriousness are not diametrically opposed anymore. For example, Huizinga (1938, p. 20) acknowledges the possibility that a person might be seriously absorbed in playing a game. To play a game, in other words, is not serious but it might nonetheless be done in a serious way. As Mr. Hanna repeatedly makes clear to his employee, it is a game, but it is a serious game with serious rules. When he suggests Mr. Belfort to engage in solitary sex twice a day, he points out – in jest or not in jest? - that this is not free from obligation at all, but that it is mandatory and prescriptive.

On being absorbed by a game
The German hermeneutic philosopher Gadamer gives us an interesting explanation of why it is that people can be absorbed by a game. He too starts his reflections on play (*Spiel*) by juxtaposing it with seriousness (*Ernst*). Like Huizinga, he admits that during the play a kind of holy seriousness might encapsulate the participants. He even takes this a step further and argues that those who do not participate in a game with all the required seriousness can be seen as spoilsports (*Spielverderber*). It is only the seriousness of those who engage in a game that allows the game to be a full game (*ganz Spiel*).

This does not imply, however, that the player does not know that what he is doing is just a game. But what exactly does a serious player know when he knows that he is just playing? It is very difficult to tell. And this is why Gadamer argues that the essence of play should not be sought after in the subjective attitudes or reflections that people have when they are playing. The problem with the distinction between play and seriousness, in other words, is precisely that those who want to uphold it are somehow relying on a variety of assumptions about what participants might think. But "play has its own essence, independent of the awareness of those who play it" (1990, p. 108)

But what is this essence? Gadamer argues that playing should not be seen as a kind of activity in which humans and non-humans can engage. Somewhat surprisingly, he finds passages in Huizinga's *Homo Ludens* that suggest the right direction: play always comes before awareness and therefore also before the serious or not so serious attitudes of those who play. When he was thinking about "savages" engaging in rites, Huizinga (1938, p. 30) allowed for the possibility that the best way to understand what is taking place is probably not to check awareness and attitude. Does a rain dancer really believe that his dancing might bring about rain or is he merely faking? Thinking about this question is, Huizinga muses, probably much less fruitful than thinking about the fact that a kind of dance is actually taking place. More precisely, the fact that there is dancing is what we should ponder. So, if we would relate this to the chest thump scene in *Wolf of Wall Street*, we should not wonder what the intentions of Mr. Hanna are. What we do know, however, is

that the scene is a figment of the imagination. It never took place in Mr. Belford's or Mr. Hanna's real life. Later, the actor Matthew MacConaughey admitted that chest thumping was a way for him to concentrate on his role. Because people on the set saw him doing it, he was asked to bring it into the film which is precisely what he did. We'd better not think too much of it.

Likewise with games. Gadamer (1990, p. 110) wants to save the game from the world of intentions and claims that it is purely medial. What he means by this is that it provides an order in which "the endless back and forth of the game movement arises out of itself", that is, without the intentions and attitudes of the players who have to adjust themselves to this order. While it is certainly true that humans and non-humans are playing, we should according to Gadamer also allow for the possibility that games play themselves. That the game plays itself, is why the players can sometimes experience a sense of effortlessness, as if they are taken away by the game they are playing. The essence of play is, Gadamer argues, "a being-played" (*ein Gespielt-werden*). That people sense excitement or feel fascinated by a game is only possible because they sense that it is becoming their master:

"The real subject of play (this is directly evidenced by the experiences that occur when there is only one player) is not the player, but the play itself. It is play itself which puts a spell on the player and which entangles and captivates him." (Gadamer 1990, p. 112)

It is, paradoxically, only because we can never be the subject of the game that we can feel absorbed by it. Ask gamers and gamblers all over the world, and they know exactly what is meant here. And we think that Mr. Hanna, whether he is real or not, would unhesitatingly concur with this. The entire meeting in the restaurant is meant to show his younger colleague that reflections on clients, on the system, or on our very selves is completely pointless. The only thing that counts is *fugazi*.

Beyond toll and strain

If a game brings players out of their own subjectivity, it will become difficult for them to speak clearly about what they have been doing. Gadamer speaks about a sense of effortlessness that playing beings experience. As we saw, he claims that this is related to the medial nature of play. If people who are playing do indeed sense that they are somehow in a kind of medial atmosphere, then it is hard to see them as drudges or plodders. Play is not labor. This is not to imply that a person should not work hard in order to be able to engage in particular games. It is rather to make clear that in a situation with proficient players you do expect some kind effortlessness. Perhaps, it might be better to refer to this effortlessness as grace and elegance. We do not expect the most skilled football players in the world to work very hard on the pitch. We know they work very hard off the pitch, but players like Messi, Ronaldo, or Ibrahimovic are not expected, for example, to do defensive tasks. Analogously, we do not expect women on high heels to laboriously struggle with these heels. The very idea of blisters or small injuries spoils the idea. Grace, charm, and playfulness require a sense of lightness (ten Bos, 2011, pp. 118-119).

This idea probably goes back to Aristotle who remarked, in the last book of The Politics, that play can be useful because it provides relaxation and rest:

```
"Play has its uses, but they belong
to the sphere of work; for he who
toils needs rest, and play is a way
of resting, while work is insepa-
rable from toil and strain. We must
therefore admit play, but keeping
it to its proper uses and occasions,
and prescribing it as a cure; such a
movement of the soul is a relaxation,
and because we enjoy it, rest."(
Aristotle 1992, p. 456, 1337b)
```

However, a question that might be raised here is whether the playfulness of brilliant football players or chess masters is the same as the relaxation and rest Aristotle muses about. The Greek philosopher is certainly not writing about elegance and grace, but about enjoyment and relaxation. He actually understands the latter to be the "usefulness" of play. Elegance or grace entertain a very twisted relationship to usefulness. Terrific football players are generally more interested in winning a game than in the beauty of the game. If there is beauty, it should be functional, or this is at least what most football coaches would like their players to believe. Yet, Aristotle repeatedly alerts us to the importance of a sphere beyond "toil and strain". He fills it with relaxation and rest. Today we have these alternatives too. But we can also fill the sphere beyond toil and strain with elegance and grace. Both are not simply the opposites of work, but are enabled by it. The kind of effortlessness that hard work might eventually engender in football stars, women on high heels, and terrific chess players is what in the end matters.

There is no doubt that Mr. Hanna and Mr. Belfort experience and understand the lightness of their being. They, however, never give us the idea that they ever worked hard in their lives. Disgusting as some of us might find the chest thump scene, it is nonetheless very difficult to deny Mr. Hanna any charm or charisma – which is exactly why some commentators have argued that the film is amoral or infamous. To be sure, *Wolf of Wall Street* can be staged as a morality play about the perversions of the economic system, but it is also a film about charming people who do not think that there is, as Mr. Belfort says at one point, "nobility in poverty" and who apparently choose the life they want to live. That there is a dark side behind all playfulness – health problems, sexual frustration, sexual harassment, addiction, and so on – becomes very clear in the film, but the charm of the opening parts is that the spectator him- or herself is carried away by Mr. Hanna's *fugazi*. More poignantly, the fact that these 'boys' in their radical puerilism do not bestow on us the impression that they ever worked hard, is what puzzles us. Capitalism is not about hard work, it is about living an illusion.

This is precisely why most of us do not understand these 'boys'. Even though Mr. Hanna explains us the rules of the game in his own idiosyncratic ways, most of us will very likely not be willing to abide by them. Even an opportunity-seeker like Mr. Belfort is, at least initially, completely dumbfounded by what he hears. This observation brings in another difficulty about game and play: those who are involved in it are hardly ever inclined to explain what they are doing simply because it is very difficult to provide people who

are not involved in a game with a proper explanation. Think here of people who are very adept at play – babies, children, boys and girls who are generally not capable of expressing themselves verbally, let alone in writing. Their infantilism – *in-fans* means 'not being capable to speak' – prevents proper expression. Babies, toddlers, boys and girls play and prefer to be silent about it. This goes without saying when we think of a baby tossing its rattle out of the cradle. But even a gaming adolescent is not very keen on having a good conversation about what might easily turn into an addiction of sorts. That parents sometimes fear that their teenage offspring live in an illusion is more to-the-point than they might think: the word 'illusion' stems from the Latin *illudere* and means 'being-in-a-game'.

In other words, from babies and boys to stock brokers – the player surrenders to an illusion. Why should we take a player like Mr. Hanna seriously? Is Nietzsche himself to be taken seriously if he argues that our whole life is a game? If he adds to this that everything is just a dream and that he is keen on dreaming the dream much longer, does he then express anything else than a boyish feeling, or an adolescent unrest? My thesis here is that as soon as we start to talk about games, we leave them behind.

Wonderland

If one is willing to write or even speak about the game, one runs the risk of sidelining oneself. That is to say, one will be placed outside the game and cannot participate anymore. This holds for Nietzsche. This also holds for Eugen Fink, a well-known German philosopher and phenomenologist who, quite a while ago, published two very serious mono-graphs on play as well: *Oase des Glücks* (*Oasis of Happiness*, 1957) and *Spiel as World Symbol* (*Play as World Symbol*, 1960). He wrote very interestingly about play, but never touched his subject as a player. Look, for example, at the following profound passage:

```
"A human being has the unheard-of
possibility to understand appearance
as appearance and to submerge out of
his own games (Spielen) into the big
world-game and to understand himself
as a player in a cosmic game."
(1960, p. 188)
```

After reading this passage, one might wonder why a person would still be a player if he understands that everything is just an appearance or illusion. If one understand appearance as appearance, one has given up being a player. We have interjected Fink's quote to underscore once more that reflection on playing can only take place outside the realm of play. This is not meant as a way to criticize Fink. There is no doubt that he understands what he is talking about. He alerts us to the absorption that players experience, to the role of appearance and illusion, and indeed to Heraclites's idea of the cosmos as a game of dice. His explanations of Nietzsche's theory on playing are brilliant. Fink understands play as a metaphor for human ontology as such. Only when play-ing, people attain the kind of openness which Fink deems to be constitutive for human being as such. So, in the end it boils down to what Huizinga already argued as well: play is essential for humanity.

This way of thinking goes back to Fried-rich Schiller who might be argued to have founded a whole tradition of play venera-tion when he famously claimed that only in play (*Spiel*) a human being is capable to actualize his full humanity. Please note how radical Schiller's bet is: *"[E]r is nur da ganz Mensch wo erspielt"* (Schiller 1966, p. 481). In decent English: "[H]e is only a full human being where he is play-ing." So, not thought, work, lust, or even politics (as Aristotle used to maintain) determines humanity – but play. Schiller's (in)famous remark was the highlight of an essay called *On The Aesthetic Education of Man* in a Series of Letters which was written during 1794 and 1795, the heyday of the Enlightenment. There is probably no intellectual who in his or her writing on play actually came so close to its object. But we should not allow ourselves here to be misguided. For Schiller, play is emphatically not about tossing rattles out of the cradle or kicking a ball. In the essay, play appears as *the* necessary condition for aesthetics. Play opens man to the world of appearance which is crucial in art. To be able to open yourself to appear-ance (rather than to truth or goodness) is not what very stupid or very intelligent people would be capable of. People who are bothered by their intelligence or un-bothered by their lack of it are captivated by reality. Stupidity fosters a sense for realism and intelligence always professes to serve the real (Schiller, 1966, p. 510). The fun Schiller must have experienced by putting intelligence and stupidity on a par is rare in philosophical literature on play. Most philosophers feel a certain reluctance to understand what it is that they are doing – philosophy - as play. Philosophizing invokes too much gravi-ty to be seen as play. Admittedly, there are some exceptions to the rule. French philosopher Gilles Deleuze is certainly a candidate for such an exceptional position. He has blamed adult people in general and philosophers in particular for routinely avoiding playing nonsensical children games, something to which he refers as a "bad game" (1968, p. 152). A bad game, Deleuze explains, is a game that has rules and goals, but also winners and losers. A real game, he adds, would be a game that does not result in winners and losers. More provocatively, a *real* game is a game that allows all children to feel like winners.

Is Deleuze himself, however, capable of playing real games? He admits he has only vague memories of having played real games, memories which are closely related to his childhood memories. The fact that the world of children shines through a lot of what Deleuze wrote and that he actually thinks that children are among the best philosophers – "Children are Spinozists", we read in a crucial passage (Deleuze and Guattari, 1980, p. 313) – doesn't prevent him from observing that as a philosopher he seems to be sidelined when it comes to games. Being excluded from them, he observes that it is only in Wonderland that playing is still possible. It is only there that one opens up to the nonsensical features so essential for a game. In the 10th series of *Logique du sens*, Deleuze argues that an ideal game can only be understood as "complete nonsense". The all-important rule of such a game is that there are no rules. To put it more precisely, each rule in such a game would only produce an endless proliferation of new rules. As a consequence, no participant knows beforehand how to carry on. The paradox here is that a huge

number of rules has the same effect as the absence of any rule. To be sure, the girl called Alice can perfectly handle the over-regulated and yet rule-less world of Wonderland. Adults, however, would become crazy in an environment that has a limitless openness to possibilities. Yearning for reason, most philosophers would undoubtedly deem such an environment to be hellish. It has often been pointed out that hell is nothing else than an ocean of pure possibility, a formlessness which makes a person unknowing about what to do and about what to become.

The ideal game can only be experienced by adult people as hell. We surmise that this is perfectly understood by Mr. Hanna who in fact argues that the only way to survive Wall Street is to refuse to grow up.

Playland

In a world in which children hold power positions, brooding and musing can only appear as abhorrent activities. No one less than Carlo Collodi, the creator of Pinocchio, understood this. At a given point in his famous narrative, he allows his protagonist to pay a visit to a world where weeks consist of six Saturdays and one Sunday and where holiday season starts on the 1st of January and ends on the 31st of December. Such a world is a kind of Playland. In some translations, it is referred to as "The Land of the Stupid". Here is a particularly incisive description of this infantile utopia:

"It was a country unlike any other country in the world. The population was composed entirely of boys. The oldest were fourteen, and the youngest scarcely eight years old. In the street there was such merriment, noise and shouting, that it was enough to turn everybody's head. There were troops of boys everywhere. Some were playing with nuts, some with battledores, some with balls. Some rode velocipedes, others wooden horses. A party were playing hide and seek, a few were chasing one another. Boys dressed in straw were eating lighted tow; some were reciting, some singing, some leaping. Some were amusing themselves with walking on their hands with their feet in the air; others were trundling hoops, or strutting about dressed as generals, wearing leaf helmets and commanding a squadron of cardboard soldiers. Some were laughing, some shouting some calling out; others clapped their hands, or whistled, or clucked like a hen who has just laid an egg. To sum it all up, it was such a pandemonium, such a bedlam, such an uproar, that not be deafened it would have been necessary to stuff one's ear in cotton wool. In every square canvas theatres had been erected …" (Collodi 1892, *quoted in*: Agamben 2007, p. 75)

This is the kind of hell that perhaps pales Dante's or any other kind of hell in world literature. It certainly pales the hell of schools as depicted in the famous cartoons by Matt Groening (2009). For fabulous and irresistibly funny as these cartoons are, there is – at least if we are to believe Collodi – just one thing worse than school: no school at all. When it comes to hell, nothing equals life in Playland. The obvious reason for this is that playing is demanding, nasty, sly, stupid, hysterical, and, finally, noisy. A short visit to schoolyards or any other playground will suffice to provide ample evidence for this elementary fact of life. In his monumental history of noise, American cultural critic Hillel Schwartz (2011, p. 518), has pointed out that playgrounds all over the world have been a concern for decent citizens longing for silence. Small wonder that schools became places not only obsessed by the visual control of students but also by sound control: Bentham's Panopticon has always been a Panoticon as well (p. 184). While his architectural vision may have made possible a particular version of hell – no doubt about this – not being subjected to any regimen whatsoever is perhaps even worse.

When it comes to noisiness, one might also think of an altogether different game: chess. From my own year-long experience as an ardent chess player, I can only say that nothing in the world is noisier than a room filled with chess players. Where Mr. Hanna chumps his chest, the chess player taps with his fingers, is coughing like an asthmatic, slurping his coffee, or simply whispering too loudly. In Playland and in Chess Land, the inhabitants are constantly on at each other. Playing and bullying are close allies. It would definitely be interesting when an in-depth philosophical study about the relation between both would somehow see the light of the day. In many countries, there is a huge debate, stirred up by quite a few sad instances of suicide, about the moral acceptability of teasing and bullying. These discussions are philosophically interesting because teasing and bullying are, as Schiller already surmised, entangled with play. To prohibit all sorts of intimidating behavior on playgrounds, in chess rooms, but also in working environments strikes me not only as unrealistic but also as unnatural. To put it more callously, children and adults who are in despair due to intolerable bullying should ponder what it means, when playing the goose game, to be in prison, in the maze, or in the well. Playing these games, inevitably helps the participator to develop better coping mechanisms. My point here is not at all that we should stop trying to prevent bullying. The point is rather that we should become aware about how difficult it is to eradicate it. Perhaps, someone might argue, very much in vein of Wittgenstein, that teasing and bullying are not "constitutive" for the game of chess as such, but such an argument can only be made by those who have never been in a chess room. I will return to Wittgenstein's ideas about what is and what is not constitutive for a game towards the end of the chapter. Here, it suffices to merely indicate that chess rooms, meeting rooms, and broker rooms do not differ too much from schoolyards and playgrounds. Lurking behind a thin veneer of happiness, sportsmanship, enterprise, and success is a world of countless annoyances and irritations.

Timelessness

In spite of all the misgiving that might be raised against Playland, one must admit that the refusal to grow up as such seems to contain the seeds of a rather elusive kind of happiness. Collodi understands this. This is why he allows Pinocchio five months of happiness in Playland! Just *five* months! After this period, his protagonist, bereft from all illusions, comes back to the real world, his tail between his legs, understanding that all the adults in the real world have better intentions with him than the boys in Playland. Pinocchio eventually evades puerilism and returns to time and history, disillusioned. Fair

enough, but who would say no to five months of sheer bliss? If all the blissful moments of your life add up to more than five months, would not you consider yourself to be very happy?

The Italian philosopher Giorgio Agamben has alerted us to the idea that during a game players become oblivious of time. In Playland, after all, there are no Mondays, Thursdays, and so on. The boys who live there do not grow up and remain forever young. Losing sense of time is what all players experience, no matter whether they play a game of chess, a game of goose, or dungeons and dragons. This experience has tempted many commentators to think that playing and mystique are somehow related. Even though there are good reasons for assuming such a relationship, Agamben prefers to sidestep the issue. What matters to him is basically the experience that play somehow seems to take place in a zone of timelessness. I already pointed out how tense the relationship between play and language is. Now we can see why: language is always taking place in time, playing releases us from it.
Agamben ties in with French anthropologist Claude Lévi-Strauss who once argued – in a book called Savage Thinking, a title that might have bemused Mr. Hanna as well would he have known it – that rites transform events into structures and that play transforms structures into events. Agamben's comment on this idea is profound and difficult:

"[W]e can state that the function of rites is to adjust the contradiction between mythic past and present, annulling the interval separating them and reabsorbing all the events into synchronic structure. Play, on the other hand, furnishes a symmetrically opposed operation: it tends to break the connection between past and present, and to break down the whole structure into events. If ritual is therefore a machine for transforming diachrony into synchrony, play, conversely, is a machine for transforming synchrony into diachrony." (2007, p. 83)

What is it exactly what Mr. Hanna is doing when he is thumping his chest? Is it a kind of rite, that we might see as a remnant from an ancient past that is somehow plotted on a top-floor restaurant in late modern New York? Is it just a silly act of neotribalism? Or is it a real game? Above, we saw that he repeatedly speaks about the need to 'play games', 'the name of the game', or 'the rules of the game'. Why does the realm of the game differ from that of rites? And how does this relate to the issue of time?

Some anthropologists, especially those to whom we refer as structuralists, have always argued that rites are without content and that they are just form. Bearing this to mind, we might attain an understanding of what Agamben is up to. It is precisely its form that allows a rite to give timelessness – e.g. the sacred, the mythical, the perennial – a place in our time. Those who carry out rites have a place in time and belong to it: they follow procedures. Hence, rites are temporally structured. Precisely because of this, they can open perspectives on an unstructured, wonderful, and formless world. In games, however, people tend to forget that there is time. This is why they subsequently surrender to the unstructured and the

formless, something that becomes only all too clear when we think of compulsive gamers and gamblers. Summarizing, where rites allow for distant perspectives on and equally distant memories of timelessness, play seduces us to immediately submerge into this timelessness. If Mr. Hanna is performing a rite, he would know perfectly well that timelessness is a dangerous seduction. If, on the other hand, he is merely playing, he wholeheartedly forgets about the dangers involved and simply lures his partner into a seductive world.

Now, one might raise an obvious objection: 'Do you really think that play belies time? Do most chess players not use chess clocks when they are playing? Do toddlers in nurseries or kindergartens not play in playtime?' The first point here, of course, is that pure games and pure rites do not exist. This is why Agamben speaks about 'diametrically opposed tendencies' that inhere rites and play. The illusion that has captivated the boys Pinocchio meets in Playland is precisely that they really think they exist outside of time. This is an illusion that Pinocchio wants to abandon. Rituals start to hold sway of him and he returns to time and therefore to school – but he will, like Deleuze, never completely forget how it was to be playing.

The second point is that there is no play without ritual and no ritual without play. What thinkers like Huizinga and Gadamer fail to see when they argue that play is just medial is that pure formless play is an impossibility. A football game – and here we align with John Paul II who, as we saw, argued that soccer is a game – needs a referee to toss with a coin for who will kick off. Likewise, chess players generally use the white and black king to determine which player starts the game. The actual start of the game takes place when one of the adversaries presses the clock. Tossing and pressing the clock are rites that the players need to get started. In this sense, there is no pure game. Or, perhaps better, only in Playland or in Wonderland do we encounter 'ideal' or 'pure' games. In this sense, pure games are not for us anymore, even though Nietzschean puerilists would have us believe that our lives as such is just a game. Mr. Hanna is perhaps beguiled by this kind of puerilism. The belief in the perennial triumph of capital has taken hold of him and he draws the proper conclusion from it: it is all just a game. Hanna is not unlike some liberal-minded commentators or politicians from the recent past who argued that capitalism as such has a place beyond history. No wonder that they act as if they are in Playland where time does not exist. Parliamentarians, directors, managers, administrators – all of them tell us that whatever it is they are doing, it is all just a game. To be sure, there is money involved, but it still a game. After all, it should be clear by now that even impure games can still be games. All these games, it might be argued, somewhat in Huizinga's vein, demolish rite and ritual. Such an argument, however, fails to see that participating in these games has become itself a kind of ritual – as the popularity of MBA-education, the Harvard Business School, and self-help literature attest. Critics, of course, would argue that all these new rituals are merely destructive and seduce the uninitiated into understanding that greed is the most important condition for participation. If you do not want to join, you will be sidelined and be placed out of the game.

However, even those who do participate in Hanna's neoliberal game will sooner or later understand that more and more people are willing to be sidelined. *Indignitas* and *Occupy* are recent examples. Whatever we may think of them, they understand Pinocchio's disillusionment with play only too well and try to point out that we should bring an end to the illusion of capitalism.

Point
Here, however, we should not ponder the political implications of these reflections on play and game in too much detail. I rather call a passage from Philosophical Investigations to mind in which Wittgenstein asks himself the question whether it belongs to the role of the king in chess that it does not only make the moves across the board that it is allowed to make, but that it is also used during the toss. He immediately provides us with what seems to be an answer:

"§ 563. Let us say the meaning of the piece is its role in the game.– Now let it be decided by lot which of the players gets white before any game of chess begins. To this end one player holds a king in each closed fist while the other chooses one of the two hands at random. Will it be counted as part of the role of the king in chess that it is used to draw lots in this way?

§ 564. So I am inclined to distinguish between the essential and inessential in a game too. The game, one would like to say, has not only rules but also a *point*."
(Wittgenstein 2008, p. 127)

The final sentence of these two fragments strikes the reader both as important and mysterious. The game does not only have rules, but it also has a point. A more or less straightforward interpretation is that while the point is not essential to the game, it somehow belongs to it. If you read the rules of play of a particular board game – go, game of goose, dungeons and dragons, or monopoly – will immediately notice that there are many instructions for potential players about how to start the game. A relevant expression, given my reflections about the relationship between play and time, is 'clockwise': players are to proceed in an orderly fashion. In some sense, one might argue – with Wittgenstein – that these instructions are inessential elements of the game because they do not tell us anything about the game's possibilities. It is rather that these instruction make the game as such possible. This is what happens when in chess one player allows the other to draw a lot. The mystery here is: how can it be that these rules are inessential to a game and still make it possible?

In § 567, Wittgenstein argues that it is misleading to think that drawing lots is essential to chess. To think that, he claims, is to miss the point. Here, I surmise that Wittgenstein knew perfectly well that the notion '*point*' – or its variations in other languages: *clou, pointe, Witz* (the latter is the German word used by himself in the original text) – is very important among chess players. It refers to a situation in which a chess player makes a series of moves that are initially completely incomprehensible for the onlookers. However, when the series is finished with the final move, most of the people all of a sudden understand what has been going on in the chess player's mind. Oftentimes, this insight comes as a surprise, even as a bolt from the blue. It might leave the adversary who did not see it coming numbed and befuddled, in a similar kind of way as Mr. Belfort finds himself perplexed after Mr. Hanna's explanation that *fugazi fogazi wazi woozi* is the real point of Wall Street.

The point that I want to make here is that the point of drawing a lot at the beginning of a game is precisely that only the inessential makes play possible. More precisely, the game – whether it is a chess game or a broker's game – is enabled by what does not belong to the game: toss, noise, bullying, cocaine, champagne, masturbation, hookers, in short: *fugazi*. For Wittgenstein, these reflections are essential if only because he understands our language as such as a game. This implies that language finds its condition of possibility in the non-linguistic, that is, in silence, in gestures, in voices, in the experience that one starts to speak, in our corporeality, and so on).

Above it was claimed that parents who fear that their teenage offspring live in an illusion make a point that is perhaps more serious than they themselves understand. Schiller would never have understood these parents: he would condemn them either as stupid or overly rational. Yet, by now the deeper meaning of this parental anxiety about their gaming boys and girls should be clear: the point of play is that one can never fully submerge in it because there is always an inessential part of the game that makes it possible. Outside Wonderland or Playland, the ideal game does not exist, not even in Wall Street.

In the real world, the point of playing is,
in the end, disillusionment.

Literatuur/Literature

Agamben, G. (2007) 'In Playland. Reflections on history and play', in: *Agamben, Infance and History. The Destruction of Experience*. London: Verso, 73-96.

Aristotle (1992) *The Politics*. New York: Penguin.

Collodi, C. (1892) *The Adventures of Pinocchio*. London: Fisher Unwin.

Deleuze, G. (1968) *Différence et Répétition*. Parijs: PUF.

Deleuze, G. (1969) *Logique du Sens*. Parijs: Éditions de Minuit.

Deleuze, G. en F. Guattari (1980) *Mille Plateaux. Capialisme et Schizophrénie II*. Parijs: Éditions de Minuit.

Fink, E. (1957) *Oase des Glücks: Gedanken zu einer Ontologie des Spiels*. Freiburg/ München: Karl Alber.

Fink, E. (2010, 1960) *Spiel als Weltsymbol. Eugen Fink Gesamtausgabe, Band 7*. Stuttgart: Albers.

Gadamer, H.-G. (1990, 1960) *Wahrheit und Methode. Grundzuge einer philosophischen Hermeneutik*. Tübingen: Mohr

Huizinga, J. (1933) *Over de grenzen van spel en ernst in de cultuur*. Haarlem: Tjeenk Willink.

Huizinga, J. (1935) *In de schaduwen van morgen*. Haarlem: Tjeenk Willink.

Huizinga, J. (1938) *Homo ludens. Proeve eener bepaling van het spel-element der cultuur*. Haarlem: Tjeenk Willink.

Lévi-Strauss, C. (1981) *Het wilde denken*. Essay. Amsterdam: Meulenhoff.

Nietzsche, F. (1988) 'Die Geburt der Tragödie', in: G. Colli en M. Montinari (red.) *Kritische Studienausgabe, Band I*. Berlijn: De Gruyter, pp. 9-156.

Rodriguez, H. (2006) 'The playful and the serious: An approximation to Huizinga's Homo Ludens' In: *Game Studies 6*, 1, pp. 2006.

Schwartz, H (2011) *Making Noise. From Babel to the Big Bang and Beyond*. New York: Zone Books.

Schiller, F. (1966) 'Über die ästhetische Erziehung des Menschen in einer Reihe von Briefen', in: *Schiller, Werke in drei Bänder. Zweiter Band*. München: Carl Hanser, pp. 445-520.

Ten Bos, R. (2011) Stilte, geste, stem. Amsterdam: Boom.
Van Hoorn, S. (2014) 'De ernst in het spel: Johan Huizinga's Homo ludens', in: *Wijsgerig perspectief 53*, 3, pp. 6-13.

Wittgenstein, L. (2008) *Philosophical Investigation. The German Text, with a Revised English Translation*. Oxford: Blackwell.

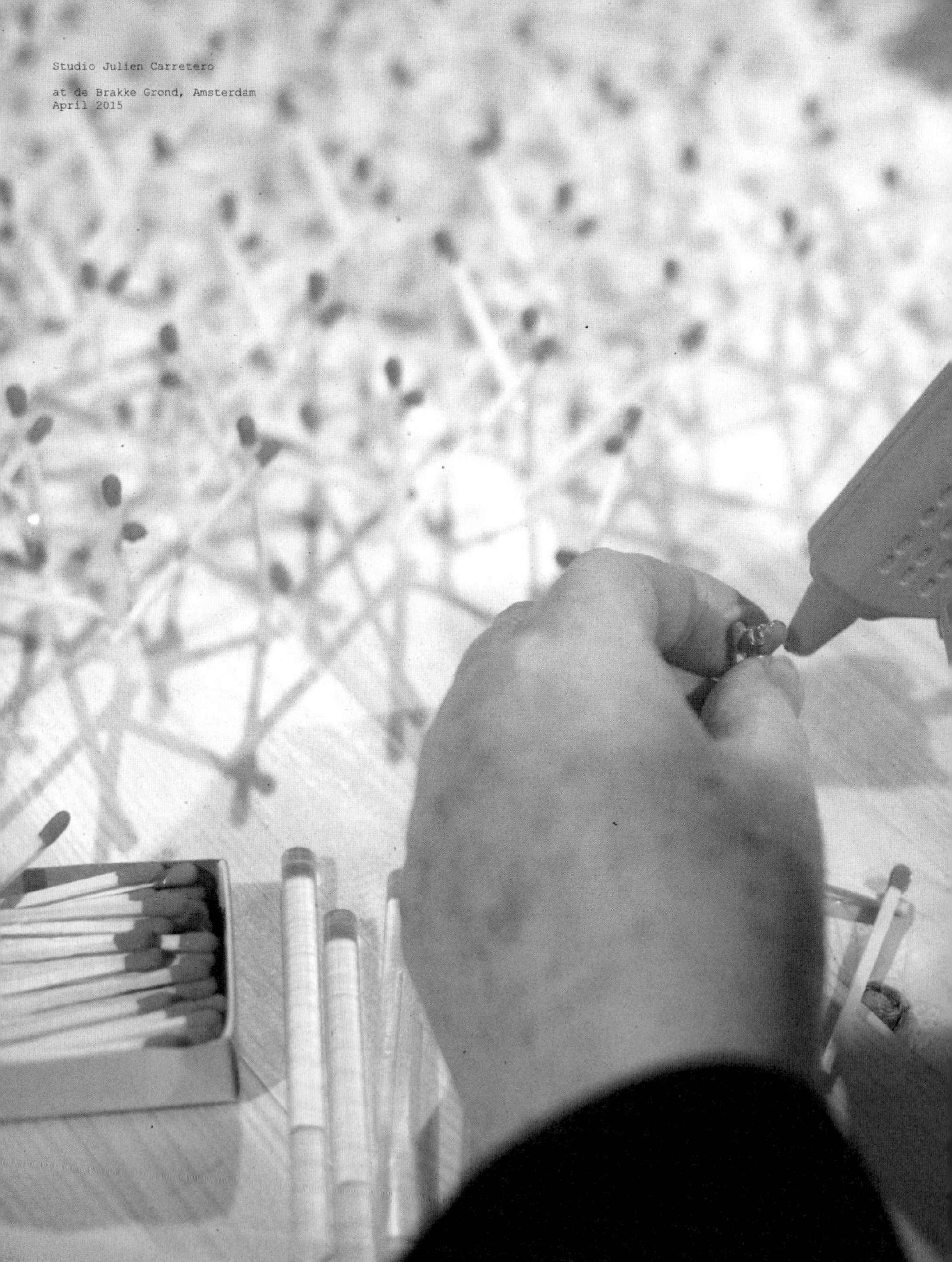
Studio Julien Carretero
at de Brakke Grond, Amsterdam
April 2015

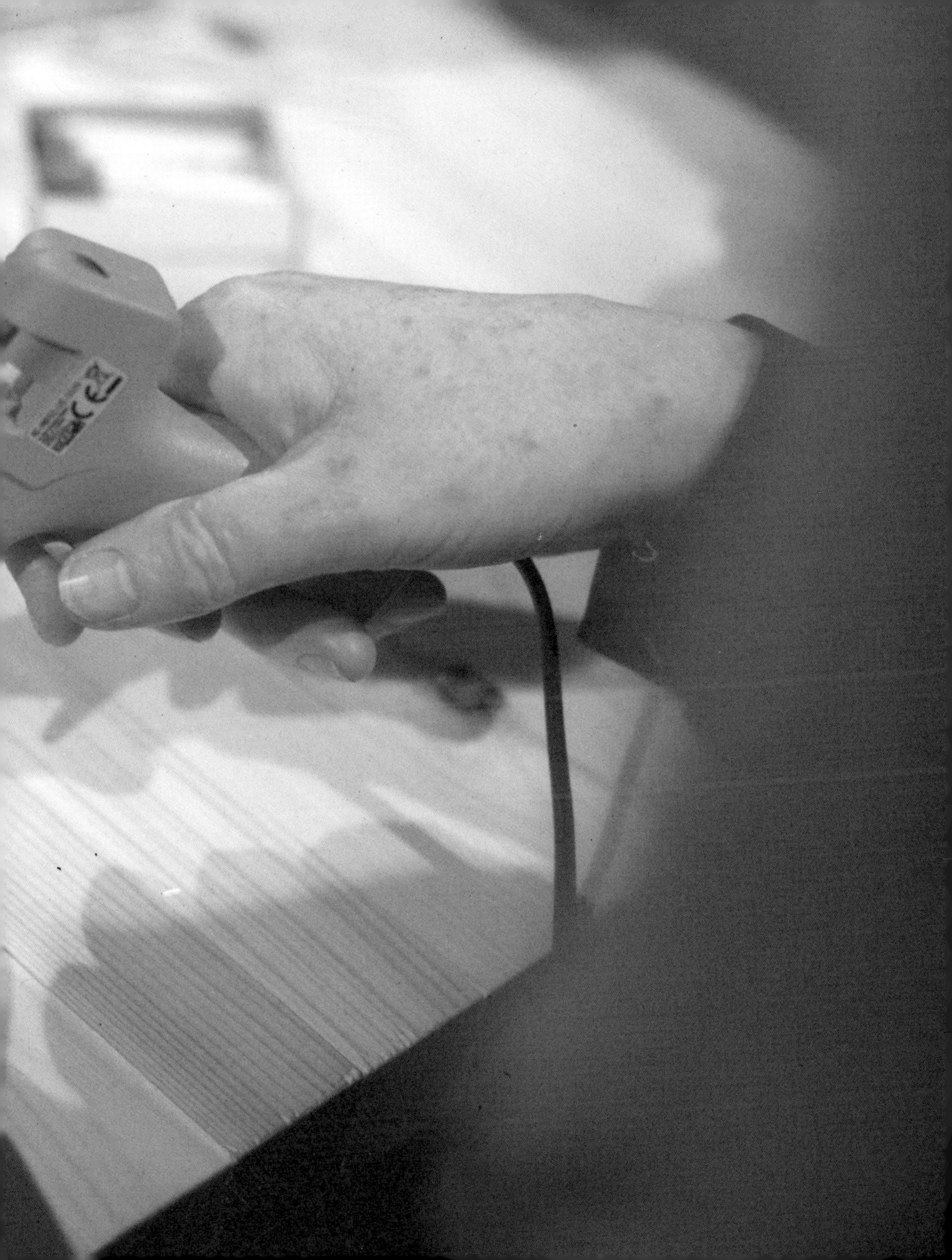

Zet alles op het spel

Petra Van Brabandt

"De mens is een *homo ludens*, een spelende mens" heeft een retorische reikwijdte die niemand onberoerd laat. Het doet denken aan kindertijd en roekeloosheid, aan vrijheid en creativiteit, aan het even tussen haakjes zetten van de ernst. "De spelende mens" wekt een zweem op van nostalgie naar de bal die over de haag bij de buren belandde, naar de pretogen van de onbekende die ons op straat onverschrokken aansprak. Hoewel het niet onterecht is te stellen dat de mens een *homo ludens* is, is het niet altijd duidelijk wat we ermee bedoelen noch welke spelende mens we waarderen.

Er is vooreerst een groot verschil tussen het spelen van kinderen en dat van volwassenen. We zijn allen als kinderen ter wereld gekomen, en zelfs als er geen monopoly, bal, of vriendjes waren, hebben we allen gespeeld om groot te worden. Het is de universele conditie van het kind dat het al spelend leert. Dit spelen is evenwel erg verschillend van het spelen van volwassenen; voor het kleine kind is er geen verschil tussen spel en realiteit, het spelen is de realiteit, of beter, het is doorheen het spel dat het kind langzaamaan de realiteit van het spel onderscheidt. Hoe tegenstrijdig het ook klinkt, het spelen onttovert de realiteit en stelt haar in als onderscheiden van het spel. Waar het kind begint te spelen in een volledig betoverde wereld zonder duidelijke afbakeningen tussen ik, ander en objecten, wordt het al spelend wakker in een wereld te midden van anderen die weerstand bieden.
Het spelen van het kind is een manier om zichzelf, de wereld en de ander te leren kennen, en meer nog om een plaats te vinden in de gemeenschap(pen) en maatschappij waarvan het deel uitmaakt.

Spelen is dus een manier van relevante kennis verwerven en socialiseren; dit gaat gepaard met het uittesten van grenzen, maar ook met het gestuurd internaliseren van gedrag en patronen. Ook al romantiseren we graag het kinderspel, het valt niet te ontkennen dat het spelen grotendeels gestuurd en gekaderd wordt door speelgoed, overgedragen spelletjes, aanmoedigen tot kopiëren, en uitdagingen om bepaalde grenzen te verleggen. Dit socialiseren is een disciplineren; zoals hospitaliteit en hostiliteit dezelfde wortels hebben, zo zijn ook socialiseren en disciplineren twee kanten van één medaille. Deze dressuur is nooit neutraal; je wordt gedisciplineerd om te functioneren in een bepaalde familie, in bepaalde gemeenschappen, in een bepaalde maatschappij. Het specifieke wereld- en mensbeeld die deze structuren ordenen wordt doorheen het spelen, de spelen en het speelgoed meegegeven.
Kinderspelletjes, gezelschapspelen, maar ook sport, socialiseren en disciplineren het kind. Het leert wat samenwerken is, hoe een groepsgevoel zich ontwikkelt, hoe de gedeelde overwinning de vreugde vergroot en het gedeelde verlies de smart verkleint. Het kind leert doorheen het spelen omgaan met de zwakheden en talenten van anderen en zichzelf, en ontdekt wat eerlijkheid en redelijkheid is. Meer fundamenteel leert het kind hoe sociale relaties, verdienste en status in onze maatschappij gestructureerd zijn: het leert dat groepen of individuen zich competitief tot elkaar verhouden, dat concurrentie motiveert, dat verdienste en status op overwinning gebaseerd is, dat kennis leidt naar controle, en gebruik exclusief is en gelegitimeerd door eigendom. Het kind ervaart dat de eenheid van groep gedefinieerd wordt in oppositie

met de ander, en dat verlies of ongeluk te wijten is aan het eigen falen of domweg het lot. Het bevragen van de regels die deze sociale relaties structureren wordt niet aangeleerd. Geen enkele sport, geen enkel gezelschapsspel of kinderspel stelt de vraag of gebruik exclusief moet zijn en gelegitimeerd door eigendom, of verdeling gebaseerd moet zijn op competitie en overwinning, en of de groep zich moet definiëren door oppositie. Moet zij die zich verstopt, gevonden worden, en hij die wegrent, ingehaald?

Ook volwassenen spelen, maar waar kinderen doorheen het spelen de realiteit instellen, zoeken volwassenen in het spelen een tijdelijke opschorting van de realiteit. Dit neemt niet weg dat ook voor volwassenen het spelen een socialiserende en conditionerende dimensie heeft. Sport, gezelschapsspelen en videogames zijn niet voor "echt" en de resultaten hebben geen reële impact op onze scores in de realiteit; niettemin herinnert het spel ons aan de onoverkomelijke structuur van onze sociale interacties. Het is niet overdreven te stellen dat wij doorheen het spelen opnieuw vrede nemen met het mens- en wereldbeeld dat onze sociale interacties structureert.
Spelen is een pacificerende onderbreking, maar er is daarnaast ook een meer productieve relatie tussen spelen en realiteit. De spelende mens is ook de mens die zich ontspant en stoom aflaat. Spelen is recuperatie en beloning voor het veeleisende werk en de reproductieve inspanningen. Het is een opladen van de batterijen om nadien terug productief te zijn. In de kapitalistische maatschappij werd dit spelen zowel in ruimte als tijd gecompartimentaliseerd en geïntegreerd in een efficiënt productie- en consumptieregime. Het spelen gebeurt in de

"vrije tijd" en in specifiek daarvoor toegekende locaties. Dit laatste om te vermijden dat het spel een obstakel zou zijn in de publieke ruimte die efficiënt ingericht werd om productie- en consumptieprocessen te optimaliseren. Het faciliteert ook de commerciële controle over spelen, zodat de verspilling of "verspeling" van de vrije tijd gerecupereerd kan worden in de kapitalistische productie- en consumptiecyclus. Dit leidt veelal naar een inperking van spelen tot entertainment en spektakel; er wordt gespeeld om ons te vermaken of we worden medespelers in een vermaakspektakel. We ontspannen ons, laten stoom af, verwennen onszelf met spel en spektakel, om nadien weer optimaal te functioneren.

Spelen heeft een socialiserende of herstellende functie, en wordt dus als positief ervaren. Toch is het retorisch bereik van spelen niet eenzijdig positief; we gebruiken "spelen" ook om een gebrek aan authenticiteit, coherentie en standvastigheid aan te kaarten. Iemand is een speelvogel, een vrijbuiter of ziet het leven als een spel. We bedoelen hiermee dat zij inzet op tijdelijke intensiteit en verspilling, niet geeft om eindresultaten, gevolgen en langetermijnplanning, en onafhankelijk is van de vooropgestelde waardehiërarchie. Vaak voegen we eraan toe dat ze rollen speelt en maskers draagt, dat we haar "echte" ik niet kunnen grijpen, en dat ze geen coherent persoon is.
Deze eis naar authenticiteit, coherentie en standvastigheid in onze omgang met elkaar en het leven lijkt terecht en vanzelfsprekend, maar ontkent de complexiteit die onze moderne subjectiviteit kenmerkt; onze plaats in de sociale realiteit is niet één en ondeelbaar, en bijgevolg zijn wij ook niet één en ondeelbaar. Er is

geen "echte" ik, "diepe" kern of coherent persoon. We zijn rollenspelers die uiterst gedifferentieerde functies uitoefenen waarvoor we diverse maskers opzetten en verschillende logica's, waarden, en objectieven inzetten. De biotoop van deze functioneel gedifferentieerde mens is de stad. Het is in de stad dat de spelende mens zijn maskers opzet en zijn functionele rollen speelt, maar het is ook in de stad dat zij een densiteit van ontmoetingen en ervaringen ondergaat. Deze ervaringen en ontmoetingen zijn ongepland, ongewild, en doelloos, en confronteren haar met mensen die andere rollen spelen, andere noden hebben, andere dingen doen. In deze flux van ontmoetingen en ervaringen, die alle zintuigen bespelen, krijgt het verlangen vrij spel; de anonieme straten en pleinen worden oneigenlijk gebruikt, het normale, de conventies en de beperkingen worden opgeheven, en er worden risico's genomen en gevaren opgezocht. Volgens Walter Benjamin zijn de straten van de stad als de prostituee promiscue en permissief, wat ons doet spelen met doelmatigheid, regels en grenzen. Het is in deze straten dat we de weg verliezen, gaan dwalen (*dérive*), en situaties, plekken, en beelden onderuit halen zodat andere betekenissen verschijnen (*détournement*). Spelend in de stad verandert onze perceptie van de stad; een vrijzone waar we het recht op kunnen claimen, een publieke ruimte van expressie, confrontatie en verwarring van verlangens. Zoals de promiscuïteit en permissiviteit van de prostituee niet gratis komt, zo heeft ook het vrije spel in de stad een prijs. Het spel doorkruist machtsrelaties en belangen, gemeenschappen en gewoontes; de *dérive* is niet zonder gevaren en risico's, de *détournement* niet zonder fricties. Denk bijvoorbeeld aan hoe het spektakel van het vrouwenlichaam in de publieke ruime als een spiegel naar de vrouw uitgespeeld wordt (*détournement*), of hoe je seksuele veld bezet kan worden door iemand zonder het gepaste seksuele kapitaal. Denk ook aan het kat-en-muisspel over de publieke ruimte door groepen met verschillende belangen, of het bezetten en investeren van een publieke ruimte met functies die breken met haar conventionele materiële of symbolische betekenissen. Het vrije spel in de publieke ruimte van de stad is geen kinderspel noch pacificatie; het creëert mogelijkerwijze frictie, conflict, zelfs geweld. Dit is vanzelfsprekend daar het een spel is dat conventionele sociale relaties in de publieke ruimte aftast, bevraagt, overschrijdt.

Vandaag is het evenwel moeilijk onszelf nog te typeren als die functioneel gedifferentieerde rollenspelers die verdwalen in een stad waar verlangens elkaar kruisen in een spel van her(be)zetten van betekenissen. In de huidige postfordistische tijd heeft spelen niet langer het potentieel van een kritische tegenbeweging; integendeel, creativiteit, experiment, en spelen zijn het radarwerk van de economie geworden. Men heeft niet zozeer meer nood aan gehoorzame arbeiders die van 9 tot 5 dezelfde taken uitvoeren; men zoekt eerder creatieve, spelende en experimenterende werkers, denk aan *traders*, *investment bankers*, ICT specialisten, webdesigners, reclamemakers en *eventorganizers*. Een specifiek arbeidsklimaat van argwaan tegenover collectieve solidariteit, van flexibele contracten, en van maximale automatisering en globalisering, maakt dat de creatieve werker zich bovendien onophoudelijk moet inlaten met een spel van *self-branding* en zelfpromotie. Zij is slechts de waarde van haar volgende succes, en als zij een creatieve blokkade ervaart, staat er andere creatieveling klaar om haar plaats in te nemen. Tegen deze horizon van precariteit, moet de creatieve werker spelen zonder oponthoud; zij maakt geen onderscheid tussen dag en nacht, tussen publiek en privéleven. Doel-gericht en efficiënt doorkruist zij steden en sociale velden om haar creativiteit te bewijzen en promoten; het spel is ernstig en er is geen tijd te verliezen met af-dwalen en *détournement*.

In het postfordisme zijn de vele rollen die we speelden gereduceerd tot die ene conventionele rol van het creatieve spel. In een ononderbroken inspanning van zelfmodellering en zelfdressuur, vergroeit dit ene masker met ons gezicht, en nemen we het voor onze identiteit, authenticiteit en autonomie. We vergeten dat men pas echt complex authentiek kan zijn als men niet tot één conventionele rol veroordeeld is, maar als we vele maskers kunnen opzetten. De Zwitserse kunstenaar Marianne Flotron probeerde met *Work* (2011) de werknemers van een Ned-erlands verzekeringsbedrijf bewust te maken van die internalisering van de bedrijfsretoriek van het creatieve spel. Met gebruik van speltechnieken van het *Theatre of The Oppressed* wou zij een kritische houding ten aanzien van deze conventionele rol bewerkstelligen, maar zij slaagde niet in haar opzet: de werkne-mers identificeerden zichzelf radicaal met hun creatieve werk, en zagen dit als zelf-ontplooiing, autonomie en authenticiteit.

Of er in deze context van postfordisme, met het creatieve spel als werkmodel tegen een horizon van individualisme en precariteit, nog plaats is voor het vrije spel is twijfelachtig. Filosoof Lieven De Cauter spreekt over een voortschrijdende capsulaire beschaving: we leven meer en meer in de capsules van onze voertuigen, in architecturale cocons, en urbanistische, homogene enclaves. Deze capsulaire leefomgeving past paradoxaal genoeg perfect bij de levensstijl van de creatieve werker; efficiënt en doelgericht kan zij stad en sociale velden doorkruisen om haar creatief kapitaal te optimaliseren en te promoten. Zij verliest geen creatieve mogelijkheden in onleesbare sociale velden en conflictvolle straten; in de capsulaire, postfordistische samenleving staat het vrije spel op het spel.

Een mogelijke herontdekking van het vrije spel, van het spel dat de spelregels in vraag stelt, ligt in de bestaansconditie van de dreigende precariteit. Het is vanuit deze toestand dat de zoektocht naar nieuwe vormen van samenleven, delen en samenwerken, naar de *commons*, naar een herbestemming van publieke ruimtes en publieke diensten... kan ontstaan. De bezettingen van universiteitsgebouwen en publieke ruimtes, de sociale en parti-cipatieve experimenten van kunstenaars, de mobilisering in stadsbuurten... zijn de eerste oefeningen in vrij spel die we ont-waren. Al spelend zoeken we naar nieuwe vormen van samenleven.

Een tweede oefening in het vrije spel, ligt in de radicale strijd tegen de capsu-laire samenleving; de capsules verlaten en de lichamen in de stad verspreiden. Filosoof Franco Berardi spreekt van een "erotic uprising or the schooling of the body." Het lichaam dat de capsule verlaat, herontdekt het vrije spel in de stad, met zijn afdwalingen en omleidingen, met zijn vreemde ervaringen en ontmoetingen, met zijn subversie van doelgerichtheid en nut, met zijn botsingen van verlangens. In dit spel ontmoeten we het vreemde lichaam als radicaal vreemd, maar evenzeer als onreduceerbaar; een lichaam dat men als spelend, verlangend lichaam niet kan neutraliseren, dat in zijn spel machtsrelaties reveleert en deze nooit pacificeert. In vrije val zetten deze lichamen alles op het spel.

Play with your Life

The idea that man is a *homo ludens*, a playful being, has a rhetorical reach that leaves no one untouched. It is reminiscent of childhood and recklessness, of freedom and creativity, of a temporary suspension of seriousness. "The playing man" evokes a hint of nostalgia for the ball that landed on the neighbours' side of the hedge, for the twinkle in the eyes of the stranger who didn't hesitate to address us in the street. But even when it is not unreasonable to say that man is a *homo ludens*, it isn't always obvious what that means nor which type of playing man we appreciate so much.

First of all, there is a large difference between children's play and adult play. We have all entered the world as children and even when we had no monopoly, no ball, or playmates, we have played to grow up. It is a universal condition for children to learn through play. Their play differs greatly, however, from adult play; the infant doesn't differentiate between play and reality, play is reality, or rather, it is through play that the child gradually learns to distinguish reality from play. No matter how contradictory it may sound, its play disenchants reality and establishes it as distinct from the play. While the child begins to play in an entirely enchanted world without clear borders between I, other and object, through play it awakens in a world where it is surrounded by others who offer resistance. A child's play is a way to discover itself, the world and the other and, moreover, to find its position in the community (or communities) and the society it belongs to. Play, in other words, is a way to acquire relevant knowledge and to socialise;

this will always entail testing the boundaries, but also guided internalisation of patterns and behaviour. Even though we tend to romanticise children's play, there is no denying that playing is largely guided and determined by toys, by games have been passed on, by encouragement to copy, and challenges to cross certain boundaries. This process of socialising is a form of disciplining; just like hospitality and hostility share a common root, socialisation and disciplining are two sides of the same coin. This conditioning is never neutral; we are disciplined to function in a certain family, in certain communities, in a certain society. The specific view of the world and of mankind that determine these structures are being passed on through play, through games and toys. Children's games and parlour games, just like sports, socialise and discipline the child. It learns the meaning of collaboration, how a group identity grows, how a shared victory tastes much sweeter while a shared loss seems to hurt less. Through play the child learns to deal with their own and other people's talents and weaknesses, it discovers what it means to be fair and reasonable. On a more fundamental level, the child learns the way social relationships, merit and status are structured in our society: it learns that groups or individuals are engaged in competition, that competition can be motivating, that merit and status are based on winning, that knowledge leads to control, and that usage is exclusive and legitimised by ownership. The child experiences that a group's unity is defined in opposition to the other, and that loss or adversity is justified by either failure or just plain fate. To question the rules that structure these social relationships is something that isn't taught. Not a single

sport, parlour game or children's game ever questions whether usage should be exclusive and legitimised by ownership, or whether distribution should be based on competition and winning, or whether a group should define itself through opposition. Should someone who is hiding be found, should someone who is running be overtaken?

Adults play too, but while children establish reality through play, adults seek to temporarily suspend reality by playing. This doesn't alter the fact that for adults too, play has a socialising and conditioning dimension. Sports, parlour games and video games are not 'for real' and the results have no impact on our scores in real life; none the less, the game reminds us of the inevitable structure of our social interactions. It wouldn't go too far to say that play allows us to take solace in the view of the world and mankind that structures our social interactions.
Playing is a pacifying pass-time but there is also a more fundamental relationship between play and reality. The playing man is also the man who relaxes and lets off steam. Play is recuperation and a reward for demanding work and reproductive exertions. It recharges the batteries so we can go back to being productive again. In the capitalist society this play has become compartmentalised and integrated into an efficient production and consumption regime. Playing happens during 'free time' and in specifically designated locations. The latter is done to prevent play from becoming an obstacle in a public space that has been designed to optimise production and consumption processes. It also facilitates commercial control over play, so the waste or 'loss' of free time can be recuperated in the

capitalist production and consumption cycle. This usually leads to the limitation of play to entertainment and shows; other people are playing to entertain us or we become participants in an entertainment show. We relax, let off steam, treat ourselves with play and spectacle, only to function optimally afterwards.

Play has a socialising or convalescing function, and is therefore seen as a positive thing. And yet, the rhetoric reach of play is not necessarily favourable; we also use 'to play' to refer to a lack of authenticity, coherence and determination. "You play with me" or "for you, everything is a play" are only a few ways to reproach our addressee that she bets on momentary intensity and dissipation, that she does not care about end results, consequences and long-term planning, and is independent from a preconceived hierarchy of values. We often add that she plays a role and wears masks, that we can't capture her 'real' self, that she is not a coherent person. This demand for authenticity, coherence and determination in our dealing with each other and with life seems only right and natural, but it denies the complexity that characterises our modern subjectivity; our position in the societal reality is not one and indivisible, and as a consequence we ourselves are not one and indivisible. There is no 'real' me, no 'deep' core or coherent person. We are role players practicing extremely differentiated functions for which we put on various masks and deploy different types of logic, values and objectives. The biotope of this functionally differentiated person is the city. It is here, in the city, that the player puts on her masks and performs her functional roles, but it is here too that she lives through a density of encounters and experiences. These experiences and encounters are random, unsolicited and without purpose, and confront her with people who play different roles, have different needs, do different things. In this flux of encounters and experiences that play all the senses, desire has free range; the autonomous streets and squares are being used improperly, the normal state of conventions and limitations is being suspended and risks are being taken, dangers being sought out. According to Walter Benjamin, the streets of the city are promiscuous and permissive like a prostitute, which lets us play with effectiveness, rules and limitations. It is in these streets that we lose our way, start to wander (*derive*), and undermine situations, places and images in order for other meanings to appear (*détournement*). Playing in the city, our perception of the city changes; a free haven that we can justly claim as ours, a public space of expression, confrontation and confusion of desires.

Just like the prostitute's promiscuity and permissiveness are not free, the free play in the city has its price. The play crosses power relations and interests, communities and habits; the derive is not without risks and dangers, the *détournement* not without frictions. Think for instance of the way the spectacle of the female body is played out to women in public space like a mirror (*détournement*), or the way your sexual field can be occupied by someone without the proper sexual capital. Think also of the cat-and-mouse game over public space by groups with diverging interests, or the occupation of a public space and its investment with functions that break away from its conventional materialistic or symbolic meanings. The free play in the city's public domain is neither child's play nor pacification; it can create friction, conflict, even violence. This is natural, because it is a game that explores, questions and transgresses conventional social relations in public space.

Nowadays, though, it has become hard to describe ourselves as those functionally differentiated role players who lose their way in a city where desires meet in a game of (re)occupied meanings. In the present post-Fordist era, play no longer has the potential of a critical counter-movement; on the contrary, creativity, experimentation and play have become the economy's cogwheels. There is no need any more for obedient labourers who perform the same tasks every day from 9 to 5, and instead there is high demand for creative, playful and experimental workers like traders, investment bankers, ICT specialists, web designers, publicity agents and event organisers. A very specific labour environment of suspicion of collective solidarity, of flexible contracts, and of maximum computerisation and globalisation forces the creative labourer to continuously engage in a game of self-branding and self-promotion. She is worth as much as her next success, and when she goes through a phase of creative block, some other creative is ready to replace her. Against this horizon of precarity, the creative worker has to play continuously; she no longer distinguishes night form day, public from private. Purposively and efficiently, she crosses cities and social fields to demonstrate and promote her creativity; play is serious and there is no time to waste on digressions and *détournement*.

In post-Fordism the many roles we used to play have been reduced to that one conventional role of the creative play. In one uninterrupted effort of self-modelling and self-dressage, this one mask fuses with our face while we take it to be our identity, our authenticity and autonomy. We forget that a complex authenticity can only be realised when we are not convicted to a single conventional role but can put on many different masks instead. With Work (2011) Swiss artist Marianne Flotron tried to sensitise employees of a Dutch insurance company to this internalisation of the corporate rhetoric of creative play. Using techniques from the *Theatre of the Oppressed*, she wanted to bring about a critical attitude towards this conventional role, but she didn't succeed in her plan: the employees radically identified with their creative work and saw it as self- realisation, autonomy and authenticity.

Whether the context of post-Fordism, with the creative play as a work model against a horizon of individualism and precarity, leaves any room for free play is rather dubious. Philosopher Lieven De Cauter speaks of a progressive capsular civilisation: more and more, we live in the capsules of our vehicles, in architectural cocoons, and urbanist homogeneous enclaves. Paradoxically, this capsular environment fits perfectly with the life style of the creative labourer; she can efficiently and purposively cross both city and social fields to optimise and promote her creative capital. She doesn't waste any creative opportunities in illegible social fields and conflictive streets; in the capsular, post-Fordist society, free play is at stake.

A possible rediscovery of free play, of the play that questions the rules of the game, lies in the condition for existence of the looming precarity. It is from this condition that the search for new forms of co-existence, sharing and collaboration, for the commons, for a re-allocation of public spaces and public services might arise. The occupation of university buildings and public spaces, the social and participative artistic experiments, the mobilisations in urban neighbourhoods are the first exercises in free play that we discern. While we are playing, we look for new ways to live together.

A second exercise in free play lies in the radical fight against the capsular society; to leave the capsules and disperse the bodies around town. Philospher Franco Berardi speaks of an "erotic uprising or the schooling of the body". The body that leaves the capsule rediscovers the free play in the city, with its wanderings and detours, with its strange experiences and encounters, with its subversive purposiveness and usefulness, with its conflicting desires. In this play we encounter the unknown body as radically alien but also as irreducible; a body that cannot be neutralised as a longing body, a body that reveals power relations within its play without ever pacifying them. In free fall, these bodies play with their lives.

Literatuur/Literature

Julieta Aranda, Anton Vidokle, Brian Kuan Wood (eds.), *Are You Working Too Much? Post-Fordism, Precarity, and the Labor of Art*, Sternberg Press, 2011

Roland Barthes, *Mythologies*, Ed. du Seuil, 1957.

Walter Benjamin, *Selected Writings*, Harvard University Press, 2003/4/5/6

Claire Bishop, *Artificial Hells: Participatory Art and the Politics of Spectatorship*, Verso, 2012

Roger Caillois, *Man, Play and Games*, University of Illinois Press, 2001 (1961)

Michel de Certeau, *The Practice of Everyday Life*, University of California Press, 1984

Guy Debord, *Society of the Spectacle*, Rebel Press, 2004 (1967)

Lieven De Cauter, *De Capsulaire beschaving, Over de stad in het tijdperk van de angst*, Nai Uitgevers, 2009

Adam Isaiah Green. *Sexual Fields: Toward a Sociology of Collective Sexual Life.* University of Chicago Press, 2014

Johan Huizinga, *Homo ludens; a study of the play-element in culture*, Beacon Press, 1955

Henri Lefebvre, *Le Droit à la ville*, Ed. du Seuil, 1968

Chantal Mouffe, Agonistics: *Thinking The World Politically*, Verso, 2013

Martha Rosler, *Culture Class*, Sternberg Press, 2013

Quentin Stevens, *The Ludic City: Exploring the Potential of Public Spaces*, Routledge, 2007

Willem van Weelden, *"Erotic Uprising, or the Schooling of the Body. An Interview with Franco Berardi"*, Open 23: Autonomy, Nai Publishers, 2012

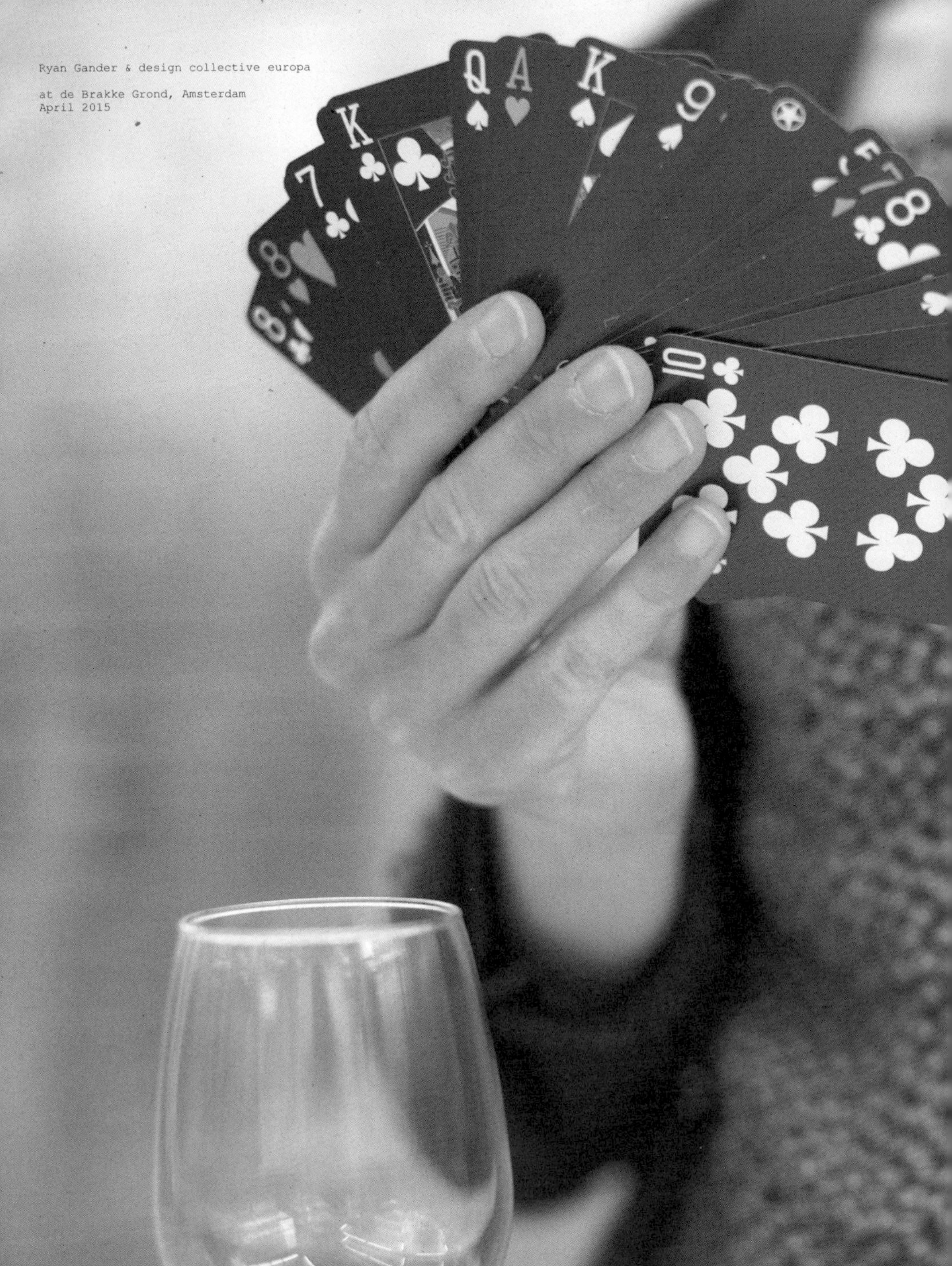

Ryan Gander & design collective europa

at de Brakke Grond, Amsterdam
April 2015

Laurence Scherz

Wat als je eens iemand anders mocht spelen?

Arnon Grunberg over zijn urban role playing game, onderwerping in het spel en onze fluïde identiteit in de lichaamsloze virtuele wereld.

Role playing game, een rollenspel, in de huid van een ander kruipen: op de een of andere manier doen we het allemaal. Online alvast wel, wanneer we een virtuele gedaante aannemen met alle psychologische gevolgen van dien. Het lijkt erop dat het 'spel' wat we (online) spelen iets is wat we nodig hebben. Volgens de alom bekende speltheorieën van Nederlandse historicus Johan Huizinga zoeken we naar een 'make-believe', een spelwerkelijkheid waarin we onszelf willen verliezen. Deze onderbreking van de dagdagelijkse werkelijkheid is vitaal als cultureel fenomeen.

Wat kan er dan gebeuren wanneer literatuur en spel elkaar vinden, wanneer de leeservaring die bekend staat om het wegdromen naar een andere wereld wordt getransponeerd naar de wereld van het spel? Schrijver Arnon Grunberg onderzoekt de gewilligheid van de speler om zichzelf (en zijn lichaam) te verliezen in zowel zijn laatste boek *Het Bestand* – over de mensenschuwe Lilian die enkel achter haar computer zit, opgeslokt in een hackerswereld – als zijn recent ontwikkelde urban game *Being Grunberg*, gemaakt in samenwerking met een aantal UvA-studenten. Vanuit een collegereeks van de richting Game Studies experimenteerden Grunberg, de studenten, acteurs, therapeuten en game-specialisten met een *urban role playing game*, wat eenmalig in Amsterdam plaatsvond op 23 februari. Via personages losjes gebaseerd op Grunbergs boeken voerden de spelers allerlei opdrachten uit in de stad: doen alsof je seksuele handelingen verricht, je een ille-

gale vluchteling bent, of een *undercover* smeris. Deze *urban game* is een game in *real life*, er komt geen technologie aan de pas (hoewel Grunberg eerst een computergame wilde ontwerpen) maar bestaat juist uit kleine acties op verschillende locaties. De deelnemers kregen eerst een psychologische test die hun karakterrol bepaalde, en bijvoorbeeld ook een acteerworkshop van Halina Reijn. De makers vroegen zich af: hoe is het om even (als therapie) iemand anders te zijn, en hoe verhouden de spelers zich tot de spelregels?

Is Grunberg tevreden met hoe de karakters tot leven zijn gekomen in de *urban game*? Hij ziet ze zeker niet samenvallen met die van zijn romans: 'Dat mijn personages naar de werkelijkheid zijn gebracht, zou ik niet willen zeggen. De *urban game* was ten dele improvisatietheater, rollenspel, een literaire wandeling en een game. De spelers hadden alle ruimte om zelf invulling te geven aan hun personages. Ze hebben na afloop vragenlijsten ingevuld en onder begeleiding van de studenten waren er ook zogenaamde 'debriefings', als evaluatie van de speelervaring.'

'Gebaseerd op anekdotisch bewijs zou ik zeggen dat de meeste spelers de game als aangenaam hebben ervaren. Ik vermoed wel dat mensen 'grensoverschrijdend gedrag' hebben vertoond, en uit testversies van de game weet ik dat sommigen dat als choquerend ervoeren, maar nogmaals, ik had wel de indruk dat ze het fijn vonden – ook omdat er een veilige omgeving was gecreëerd. Dat is iets waar we het uitgebreid over hebben gehad: hoe onveilig moet je het maken?'

Volgens Huizinga heerst er ook gevaar in het spel, in die wereld waarin wij ons verliezen. Het toont aan hoe graag wij ons onderwerpen aan regels en een ideologie, en zelfs in spelen het ernstig menen. Zie je ook gevaar, of onderwerping, in het spel dat wij (online) spelen? En kan de figuur van de hacker, zoals in Het Bestand voorkomt, hier een 'remedie' voor zijn?

'Dat is wat ik onderschatte: mijn naïviteit. De spelers accepteren het uitgangspunt van de *Being Grunberg*-game volledig. De hoop dat dit uitgangspunt bevraagd zou worden door de spelers of tot discussie zou leiden, bleek onzinnig. Of hackers hier een remedie tegen zijn weet ik niet. Wel denk ik dat sommige mensen bij het spelen van games altijd weer in de verleiding zullen komen om vals te spelen, om de regels te wijzigen, om de autoriteit te ondermijnen. Overigens, als wij ons niet zouden onderwerpen aan regels zouden wij ten onder gaan. De vraag is: aan welke regels moeten wij ons *niet* onderwerpen? En wat is een zinnige manier om de regels ter discussie te stellen? De voetbalhooligan stelt ook allerlei regels ter discussie, maar de vraag is of dat zinnig is. De manier waarop hij die regels ter discussie stelt, bedoel ik. Is dat zinnig?'

Over het in vraag stellen van spelregels, schreef Huizinga het volgende: 'Ten opzichte van de regels van een spel is geen scepticisme mogelijk. (...) Zodra de regels overtreden worden, valt de spelwereld ineen.' De onderwerping, zoals Grunberg ook zegt, houdt het spel

in stand. Maakt de hooligan dan niet juist het spel dat hij graag heeft, kapot? In hoeverre is het 'vals spelen' constructief voor een spel? Tijdens de *Being Grunberg*-game moedigde Grunberg de spelers aan elkaar ook te gaan bedriegen en buiten de (spel)lijntjes te kleuren, iets wat het psychologische effect alleen nog maar groter maakte. Maar is het spel nu juist een stramien van regels, of een vrijplaats waar je vrijelijk in kan bewegen?

Spel en simulatie is de verlossing of de toekomst van het menselijke leven, zei je in Vrij Nederland. Is dit omdat, zoals Friedrich Schiller het zegt, de mens enkel in het spel waarachtige vrijheid ervaart? Omdat hij daar zijn remmingen volledig los kan laten en even iemand anders kan zijn?

'Ja, ik denk dat het spel wel een mogelijkheid is om vrijheid te ervaren. Heidegger ziet vrijheid vooral als een gedachte-experiment. Ik meen dat het spel een mogelijkheid is om dit gedachte-experiment als iets reëels te ervaren, hoe tijdelijk ook. Ik denk niet dat het spel zo anarchistisch is dat alle remmingen losgaan, het is ook geen carnaval – hoewel carnaval allicht ook als spel te begrijpen valt. Ik denk wel dat het spel de mogelijkheid biedt aan mensen om op betrekkelijk ongevaarlijke wijze, binnen de context van het spel, iets van zichzelf en de ander te onderzoeken. Denk ook aan het kinderspel: "Ik ben de prins, dan ben jij de tuinman", zoiets.'

Zo'n verwisseling van personages wordt in *Being Grunberg* erg concreet: bij die game kruip je namelijk haast letterlijk in iemand anders zijn lichaam, je neemt zijn identiteit aan – op basis van karakterbeschrijvingen – en voert 'zijn' acties uit. Dit 'rollenspel', zoals we het kunnen noemen, krijgt in de online-wereld een heel andere connotatie, aangezien het lichaam ontbreekt. Grunberg onderzoekt in Het Bestand hoe dit tegenovergestelde fenomeen werkt, en wat voor effect het op een persoon – hoofdpersonage Lilian – kan hebben. Zij vergeet haast haar eigen lichaam, en is in de echte wereld moeilijk in staat om lief te hebben.

In Het Bestand *wordt de virtuele wereld 'hoger' geschat dan de reële wereld: het lichaam kan overbodig worden, wat mogelijkheden opengooit voor een fluïde identiteit. Maar de wereld van het internet en sociale media behelst dat we tot een personage worden, de identiteit wordt in zekere zin een leugen. Er wordt een rol, een spel gespeeld.*

'Het internet bied inderdaad mogelijkheden onze identiteit, een constructie die we niet als zodanig ervaren, bij te stellen, bij te sturen en opnieuw uit te vinden. Je kan een rollenspel spelen zonder dat de ander noodzakelijkerwijs doorheeft dat het hierom gaat. Ik zou niet zeggen dat de identiteit een leugen wordt, ik zou eerder zeggen dat je de opportuniteit krijgt speelser met die identiteit om te gaan, juist ook omdat daar een bepaalde verlossing van het lichaam mogelijk is.'

Maar is deze online-mens zonder lichaam wel zo ideaal? Wat met het gebrek aan aanrakingen?

'De menselijke aanraking, bij uitstek een bron van groot verlangen en enorme angst, lijkt door het internet te zijn overwonnen. Lijkt. Het verlangen blijft. Maar misschien zullen wij ons in de toekomst meer en meer door robots laten strelen en zullen wij ook meer en meer robots strelen. Vraag is hoe de menselijke angst zich ontwikkelt; zeker is dat seksualiteit primair een bron van angst is. Als we over seksualiteit spreken, spreken we eigenlijk over angst.'

En dat seksualiteit gepaard gaat met angst, is ook in *Het Bestand* duidelijk: daarin ondervindt Lilian een sterke allergische reactie op een mannelijke aanraking, of zoals zij het noemt, 'mensenallergie'. Lilian verlangt er steeds naar terug te keren naar de virtuele wereld, waar ze in alle veiligheid kan praten met haar geliefde, zonder dat het lichaam in de weg zit. Deze (gevaarlijke) discrepantie tussen ons lichaam en de online identiteit is een vraagstuk waar niet enkel romanschrijvers zoals Grunberg vandaag mee bezig zijn. Interessant aan zijn aanpak is wel hoe hij enerzijds in *Het Bestand*, duidelijk een ideeën roman, de kracht van de roman benut en anderzijds in zijn *urban game* geen schrik heeft om de literatuur naar de 'echte' wereld te brengen. Tenminste, als je een spel een echte wereld kan noemen, en heeft de literatuur niet altijd al iets van een spel in zich gehad?

What if you could play someone else for once?

Arnon Grunberg talks about his urban role playing game, game ideology, our flexible online identity and the lack of the body in the virtual world.

Crawling into someone else's skin, so-called role playing games, the freedom of identity in a game: at one point or another, we all do it. Whether it is in the virtual world, where we acquire a different identity with all its psychological consequences, or in real life – it seems like we need these kind of games. According to the well know game theories of Dutch historian Johan Huizinga, we search for a 'make-believe', a world of game wherein we lose ourselves. He sees this rupture with our everyday life as an essential part of our culture.

What can happen, then, when we bring together literature and games, when this specific experience of losing yourself in a story world comes to life in a world of game? Writer Arnon Grunberg searches for the willingness of the player to lose himself – and maybe his body. He did this in his latest novel, *Het Bestand* (The File), in which the reclusive Lilian wants to stay behind her computer in a 'safe' world of hacking, as well as his urban role playing game called *Being Grunberg*, developed in collaboration with the students of the University of Amsterdam (UvA). With a college lecture from Game Studies as a starting point, students, actors, therapists and game specialists came to make an urban role playing game that took place but once on the 23th of February in Amsterdam.

Through characters loosely based on those of Grunbergs novels, the players of the game performed several tasks throughout the city, like pretending to buy or sell in the sex industry, to be an illegal immigrant or an underground cop. This urban game is a real life game: there is no technology involved (although Grunberg considered a computer game at first) but exists of these small assignments on different locations. The participants had to take a psychological test before they started and then received a personalised character, as well as an acting workshop by Halina Rein. The question haunting the game makers was the following: what is it like, therapeutically, to be someone else, and how do players react to the rules of the game?

Grunberg says that the characters being brought to life in the game do not coincide completely with those of his novels: 'I wouldn't say that the characters are entirely mine. The urban game was in part improvisation theatre, role playing game, a literary journey and a game. The players had the opportunity to develop their own characters throughout the game. Afterwards, everyone filled in some questionnaires and we had debriefings to evaluate the game experience.'

What were the psychological evaluations from the players, were some of them surprised by their own actions?

'Based on the anecdotes I would say most of them found the game rather enjoyable. I do think some people experienced behaviour that overstepped their boundaries, and test versions of the game showed that a few found this a bit shocking, but again: in my opinion the players thought it was nice. Even more so because we created a safe environment. This was something that kept us busy: how unsafe do you have to make it?'

According to Huizinga there is also an element of danger in the game, within this world where we lose ourselves. The game shows how we like to submit ourself to rules and an ideology, and even find earnest in playing. Do you also detect danger, or submission, in the games that we play (online)? And can the hacker, as in your book, be a kind of remedy?

'Actually, I underestimated my own naivety. The players seemed to accept the ideology of the *Being Grunberg*-game completely. The hope that our standpoint would be questioned or would lead to discussion, proved to be nonsensical. Whether hackers can function as a remedy? I don't know. I do think that some, while playing a game, will always be tempted to cheat, to alter the rules, to escape from the authority. By the way: if we wouldn't accept rules and submit to them in some degree, we wouldn't be able to function. The question is: to which rules must we not submit? And when is it relevant to put the rules up for discussion? The hooligan at a football game also puts the rules up for discussion, but is that relevant? In the way he does it, I mean, is it a sensical way to go about it?'

On the subject of questioning the rules of the game, Huizinga wrote that: 'Towards the rules of the game there is no scepticism possible. (...) From the moment that the rules are broken, the whole world of the game falls apart.' The submission to the game, as Grunberg also notes, keeps the game intact. So then, does the football hooligan rather destroy his own game than preserve it? To what degree is 'cheating' constructive for a game, when is it actually deconstructing it? During the *Being Grunberg*-game the participants were stimulated by Grunberg to sometimes cheat, to colour outside the lines. This only enhanced the psychological effect of playing the game, but keeps the matter at hand whether or not a game is a fixed set of rules or a place of refuge wherein one can move freely.

Game and simulation is the 'solution' or future in our lives, you stated in Vrij Nederland Magazine. Is this because, like Friedrich Schiller puts it, man can only truly experience freedom in game? Because there, he can be free of his inhibitions and be someone else for a change?

'Yes, I do think that the game is a possibility to experience freedom. Heidegger saw freedom mostly as a thought experiment. I think that playing makes it possible to undergo this thought experiment in real life, however temporary. Playing is not, to me, so anarchistic that all inhibitions disappear, it's not a carnival – although carnival can also be seen as a game. Maybe the game can give people the chance to be someone else, in a fairly harmless way, and to research within the context of the game how they position themselves towards the other. Think of a children's game: "You'll be the prince, then I'll be the gardener", something like that.'

Such a change of personalities becomes very concrete in the *Being Grunberg*-game. The player almost physically crawls into someone else's skin, takes his identity – following the character's description – and acts like him. This role playing as we might call it, gets a whole new perspective in the digital world, where the body is not present. Grunberg deals with this issue in *Het Bestand*, and shows us through the main character Lilian what sort of effect this can have on a person. Lilian almost forgets to have a body behind her computer, and cannot love in the real world.

Virtual reality is considered of higher rank than real life in your novel Het Bestand, because the body is unneeded, which opens up possibilities for a flexible identity. But this internet world full of social media makes us into a persona, the identity becomes a lie. We play a role, a game.

'The internet does give options for changing our identity, which is a construction that we don't perceive as such. We can alter, adjust and reinvent our identity online. You can pretend to be someone else and play a role game without the other one even knowing it. But I wouldn't say that the identity becomes a lie, rather you get the opportunity to be more playful with it – exactly *because* of the lack of a body.'

But is this online person without a body at its most ideal? What about the lack of physicality?

'The human touch, a source of the human desire but also of great fear, seems to have been obliviated by the internet.

Seems to be – because the desire stays. But maybe in the future we will also be caressed a lot more by robots and caress them more. Question is how the human fear will develop; what's for sure is that sexuality is a source of fear. When we talk about sexuality, we actually talk about fear.'

And that sexuality is paired with fear also becomes clear in *Het Bestand*, seeing as Lilian develops a strong allergic reaction to human touch or, as she calls it, 'human allergy'. Lilian longs to return to the virtual world, where she can talk safely to her lover, without a body. This (dangerous) separation between our body and our online identity is a case that concerns many, not only writers like Grunberg. But his approach can show us the power of the novel, and the power of the urban game which actually translates literature into the real world – that is, the world of games. For can we truly call the world of games our own world, and, didn't literature already have something of a game in itself to begin with?

Serious Play. Strijdlustige Kunst

Paul De Bruyne

1. In de met Oscars bekroonde film *Bird-man* (2014) wordt de tegenstelling die inherent is aan het spel 'Truth or Dare' overwonnen: er is geen waarheid anders dan de durf. In dit specifieke geval: de waarheid van seks zit hem in de de daad zelf. Waarheid is durven is waarheid. In *Birdman* wordt het gevoel van urgentie, noodzaak, onvermijdelijkheid en tragedie bij het spelen van een spel (het spel van het leven) onderzocht en ontwikkeld tot een ingewikkeld plot en een geweldige film. Eén ding is duidelijk: het spelen van een spel is een serieuze zaak. Spelen of niet spelen is niet de vraag. Spelen is de enige optie. Door het spel te spelen wordt een gevoel van werkelijkheid gecreëerd. Daar waar de waarheid wordt aangedurfd, is waar de werkelijkheid begint.

2. Toch zijn er een hoop spellen waar het gevoel van urgentie wordt gebagatelliseerd. In mijn Sudoku app kan ik kiezen tussen 5 niveaus van bekwaamheid. Zo kan ik het spel geleidelijk leren en gelukkig zijn op elk niveau. Ik zal altijd een winnaar zijn. Op mijn niveau. Dit is gebruiksvriendelijk. Ik hou ervan. Ik heb het nodig. Ik hou van de ontspanning, tolerantie en van de mogelijkheid om ergens bij te horen. Dit wordt mij allemaal gegeven dankzij gaming en spelen. Spel is vermaak en dit type spel zorgt voor een comfort zone.

Net als in het concept van de *Homo ludens* zoals ontwikkeld door Huizinga. Hij analyseert de noodzaak van spel en spelen, voor zowel kinderen als het innerlijke kind in de mens, en beschouwt dit als een bron voor maatschappelijke vernieuwing en onderzoek. Het is de ruimte waar het mogelijke en onmogelijk kunnen samenkomen. In de meeste spellen is de zoektocht naar het onmogelijke minder dominant dan die naar het mogelijke. Spellen van de laatste soort neigen ook te beloven, te organiseren en vooral ook comfort zones te creëren. Het rijk van het mogelijke is de comfort zone. En dat is wat voornamelijk wordt begrepen door spel en spelen.

Daar is niets mis mee. We leven een leven gedrenkt in een constante deprimerende mist. We worden gedwongen te streven naar hoge doelen, maar op hetzelfde moment leven we in een economische en emotionele configuratie waardoor de eindbestemming onmogelijk te bereiken valt. Bovendien wordt deze maatschappelijke val dusdanig georganiseerd dat het ervaren wordt als een persoonlijk falen. Het doet pijn. Voortdurend. Dus, dankzij de goden van het kapitalisme, kunnen we ons verbergen in de vrije ruimte van onze spellen, kunnen we ons persoonlijk niveau van welzijn ontwikkelen en kunnen we in onze individuele comfort zone wonen. Spellen en spelen worden gebruikt als anti-depressiva. En het werkt, zoals anti-depressiva werken. Ze genezen niet, maar ze maken ons overlevers, in voor- en tegenspoed.

3. Kunst is een spel. Is het een balspel? Is het een anti-depressivum? Moet het zoiets worden? Is kunst niet het spel van de vernietiging van de comfort zone? Is het niet het rijk van het onmogelijke? Of zijn we veel verder dan de pretenties van autonome vrije ruimtes, in dit tijdperk?

In de laatste decennia hebben veel kunstenaars geprobeerd een compromis te vinden tussen de eisen van de individuele artistieke autonomie en de mogelijkheden van het creëren van stammen door gemeenschappelijke artistieke spellen. De richting van de autonomie neigt urgentie te hebben, meer dan die van de stam, die juist het gevoel van empathie en comfort heeft.

Wanneer we kijken naar kunstpraktijken als community art, participatieve kunst of deelbare kunst, zien we een constante strijd om tegelijkertijd zowel in en uit de comfortzone te blijven. Deze vormen van kunst proberen trouw te zijn aan zowel de goden van de autonomie en van de stam. Is dat mogelijk?

Ja. Binnen de fijne, gezellige muren van kunstinstellingen en vriendelijke landschappen van kunstenfestivals kunnen beide goden tegelijk worden aanbeden. Men kan kunst creëren en organiseren op een manier die concepten als 'gemeenschappelijk spel' en 'gemeenschappelijk geluk' een artistieke vorm geeft. Vooral in de podiumkunsten (community theater, het delen van muziekevenementen etc.) zijn er talloze interessante momenten en gebeurtenissen op te noemen.

En wederom (net als bij de zegeningen van de geneeskunde en drugs), zie ik daar geen kwaad in. Veel mensen leiden harde en saaie levens. Wat is er mis mee als kunst, kunstenaars en kunstinstellingen proberen bij te dragen aan de heruitvinding van welzijn in de steden en landen waarin wij leven?

4. De fundamentele vraag is echter of we ons deze houding kunnen veroorloven. Beter: moeten kunstenaars, curatoren en kunstinstellingen het pad van activisme meer en dieper onderzoeken, dan zij in de afgelopen decennia hebben gedaan? Het antwoord is eenvoudig als je er logisch over nadenkt. Als je aanvaart dat de politieke en economische ruimte waarin we leven een slagveld is waar ongelijkheid, machtsverschillen en armoede in vele vormen onacceptabel hoog zijn, dan is een strijdlustige kunst noodzakelijk. Zo niet, laat dan die grappige spelletjes en vrolijke toneelstukken rustig voortgaan.

De meest interessante kunst geboren zal worden, zo is mijn vermoeden, wanneer de kunstenaar aanvaardt dat er een oorlog gaande is. Dan zal de kunstenaar zich moeten afvragen hoe met die werkelijkheid te leven. Als een toeschouwer, als een voorbijganger of als deelnemer? Als activist. Als guerrilla strijder.

De metafoor van de krijger is altijd een interessante. Het impliceert een gevoel van urgentie, een gevoel van moed en noodzaak en gevaar. De metafoor van oorlog impliceert de symbiose van de waarheid en het durven. Het creëert de mogelijkheid van een specifieke artistieke schoonheid van een ervaring, onvergelijkbaar met iets anders. Zoals Leonard Cohen zegt: "Oorlog is iets groots. Het zal nooit verdwijnen. Het is een van de weinige keren dat mensen op de toppen van hun kunnen functioneren. Het is zeer economisch op het vlak van activiteit en beweging. Iedere beweging is precies goed, elke poging is de ultieme poging. Niemand is lui. Dingen gebeuren, je kunt dingen voelen die onmogelijk te ervaren zijn in het moderne leven in de stad.'

Strijdlustige kunst is op zoek naar een vorm die een schop voor de kont geeft in een openbare ruimte die wordt gekenmerkt door oorlog.

5. Deze zoektocht naar een een strijdlustige kunst kan wereldwijd worden waargenomen, op alle continenten. Maar laat me eindigen met een persoonlijke noot. In het project '*Het leger van de gelukkig gemanipuleerde soldaten*' zoeken kunstenaars Jeanne van Heeswijk en Paul De Bruyne naar een speelse en strijdlustige kunst. Dat is dringend, noodzakelijk, onvermijdelijk en tragisch, omdat het beseft dat het waarschijnlijk onverslaanbare krachten zijn die de openbare ruimte veranderd hebben in een zone van oorlog en ongemak.

Hun eerste advertentie om voor hun leger te rekruteren, gaat als volgt:

*Call to Arms Call to arms
Rally op het plein van vooruitgang
Breng mee:
Spandoeken met 'Wow!' 'long live'
and 'awesome'
Breng mee:
Kreten van gelukkige verwachtingen,
een goed getraind lichaam en
geschreeuw van lust en woede
Er wordt weer gemarcheerd
op de wereld
Een parade van geluid en kleur
op de zonverlichte ochtend
Verbrand de burn outs en depressies
op de stranden van de toekomst
Wees blij dat je hier bent
om mee te doen
Wees blij dat je gedwongen bent
om mee te doen
Op de soldaten van het
vervaardigde geluk
Wees lichamelijk en klim
uit de loopgraven
Sterf een gelukkige dood
Call to arms call to arms*

6. Wanneer we denken over de mogelijkheden van kunst en performance binnen en buiten kunstinstellingen, moeten we beginnen met het inschatten van onze huidige politiek-economische situatie. Moeten we spel inhaleren als een joint of moeten we verwarren door waarheid te creëren door durf?

Serious Play. Combative Art

1. In the Oscar-winning film *Birdman* (2014) the antagonism inherent in the - game 'truth or dare' is overcome: there is no truth but in daring. In this particular case: the truth of sex is in the act of doing. Truth is dare is truth. In *Birdman* the sense of urgency, necessity, inevitability and tragedy involved in playing a game (the game of life) is researched and developed into an intricate plot and a great movie. One thing is clear: playing games is serious business. To play or not to play is not the question. To play is the only option. A sense of reality is created through the performance of the game. The real starts where people dare the truth.

2. There are many games though, in which the sense of urgency is being played down. In my Sudoku game app I can choose between five levels of proficiency so as to gradually learn the game and be happy at each consecutive level of play. I will always be a winner. At my level. This is user friendly. I love it. I need it. I love the attitude of relaxation, tolerance, tribe-creating possibilities that come with gaming and playing. Play is entertainment. This type of game creates a comfort zone.

The same applies to the concept of Homo ludens that was developed by Huizinga. He analyses the necessity of the game and the play, for both the child and the child in the adult, as a source of societal renewal and research. It is the space where the possible and the impossible can mingle. In most games, though, the quest for the impossible is less urgent than the pursuit of the possible. In this variation too, games tend to promise, organise and create particular comfort zones. The realm of the possible is the comfort zone. And that is what we usually understand by play and game.

There is nothing wrong with that. We live a life that is soaked in a constant depressive mist: we are forced to aim for high goals but at the same time we live our lives in an economic and emotional configuration that makes this final destination impossible to reach. Moreover, this societal trap is organised to be experienced as a personal failure. It hurts. Constantly. However, thanks to the gods of capitalism, we can hide in the free spaces of our games, we can develop our personal level of wellbeing, we can live in our very individual comfort zone. Games and play are used as anti-depressives. And it works. As anti-depressive medication does. They don't heal, but they make us survive, for better or worse.

3. Art is a game. Is it a different ball game? Is it an anti-depressive? Should it be? Isn't art the game of destroying the comfort zone? Isn't it the realm of the impossible? Or are we far beyond the pretensions of autonomous free spaces, in this era?

In the past decades, a lot of artists have tried to compromise between the exigencies of individual artistic autonomy and the possibilities of forming tribes through shared artistic games. The side of autonomy tends to have a great sense of urgency, much more so than that of the tribe, which has this feeling of empathy and comfort to it.

Looking at art practices denominated as community art, participative or sharing art, we see a constant struggle to stay in and out of comfort zones at the same time. These art forms try to be faithful to both the gods of autonomy and of the tribe. Is that possible?

Yes. Within the nice, cosy walls of art institutions and on the friendly meadows of art festivals, both gods can be worshipped at the same time. One can create and organise art in such a way that concepts like 'communal play' or 'common happiness' find their artistic form. Especially the performance arts (community theatre, *sharing music* events etc.) offer countless interesting moments and events to be recalled.

And again (as with the blessings of medicine and drugs), I can't see anything wrong in that. A lot of people are living hard and dull lives, and who would blame art, artists and art institutions for trying to contribute to the re-invention of wellbeing in the cities and nations we live in?

4. The basic question though is whether we can afford this attitude. Better: should artists, curators and art institutions research the path of activism more, and more profoundly, than they have been doing in recent decades? The answer is easy when you take it logically. If you agree that the political and economic space we live in is a battlefield where the levels of inequality, power difference and poverty in many forms are unacceptably high, then you accept the necessity of a combative art. If not, let the jolly games and the merry plays continue.

The most interesting art will come about, I presume, when the artist accepts that there is a war going on. Then the artist will have to ask himself how to live this reality. Will it be as a looker-on, as a passer-by or as a participant? As an activist. As a guerrillero.

The metaphor of the warrior has always been an interesting one. It implies a sense of urgency, a sense of courage and necessity and danger. The metaphor of war implies the symbiosis of truth and dare. It opens the door to a specific artistic beauty of an experience that cannot be compared to anything else. As Leonard Cohen puts it: 'war is something great. It will never disappear. It is one of the few times that people act at the top of their possibilities. It is a very economical act in terms of activity and movement. Every movement is exactly right, every effort is the ultimate effort. Nobody is being lazy. Things happen, things can be felt that are impossible to experience in modern city life'.

Combative art is looking to find a form that kicks ass in a public space characterised by war.

5. This search for a combative art can be observed throughout the world, on all continents. But let me finish on a personal note. In the project '*The army of the happily manipulated soldiers*' artists Jeanne van Heeswijk en Paul De Bruyne search for a playful but combative art. Art that is urgent, necessary, inevitable and tragic, as it is fully aware of the probably unbeatable forces that changed the public space into a zone of war and discomfort. Their first advertisement to assemble recruits for their army, goes as follows:

Call to Arms Call to arms
Rally on the square of progress
Take with you
Banners with 'Wow !' 'long live'
and 'awesome'
Take with you
Yells of happy expectations,
a well-trained body and screams
of lust and anger
The world is marching on again
A parade of sound and color hails
the sun-lit morning
Burn the burn-outs and depressions
on the beaches of the future
Be glad you're here to join
Be glad you're forced to join
And ON soldiers of the
manufactured happiness
Be meat and climb out of
the trenches
And die a happy death
Call to arms call to arms

6. Thinking about the possibilities of art and performance in and out of art institutions, the first thing to do, is to assess the politico-economic situation we are in. Should we inhale play like the smoke of a joint or should we produce confusion by creating truth through daring.

Aurélien Froment with Agathe Jeanneau

at de Brakke Grond, Amsterdam
April 2015

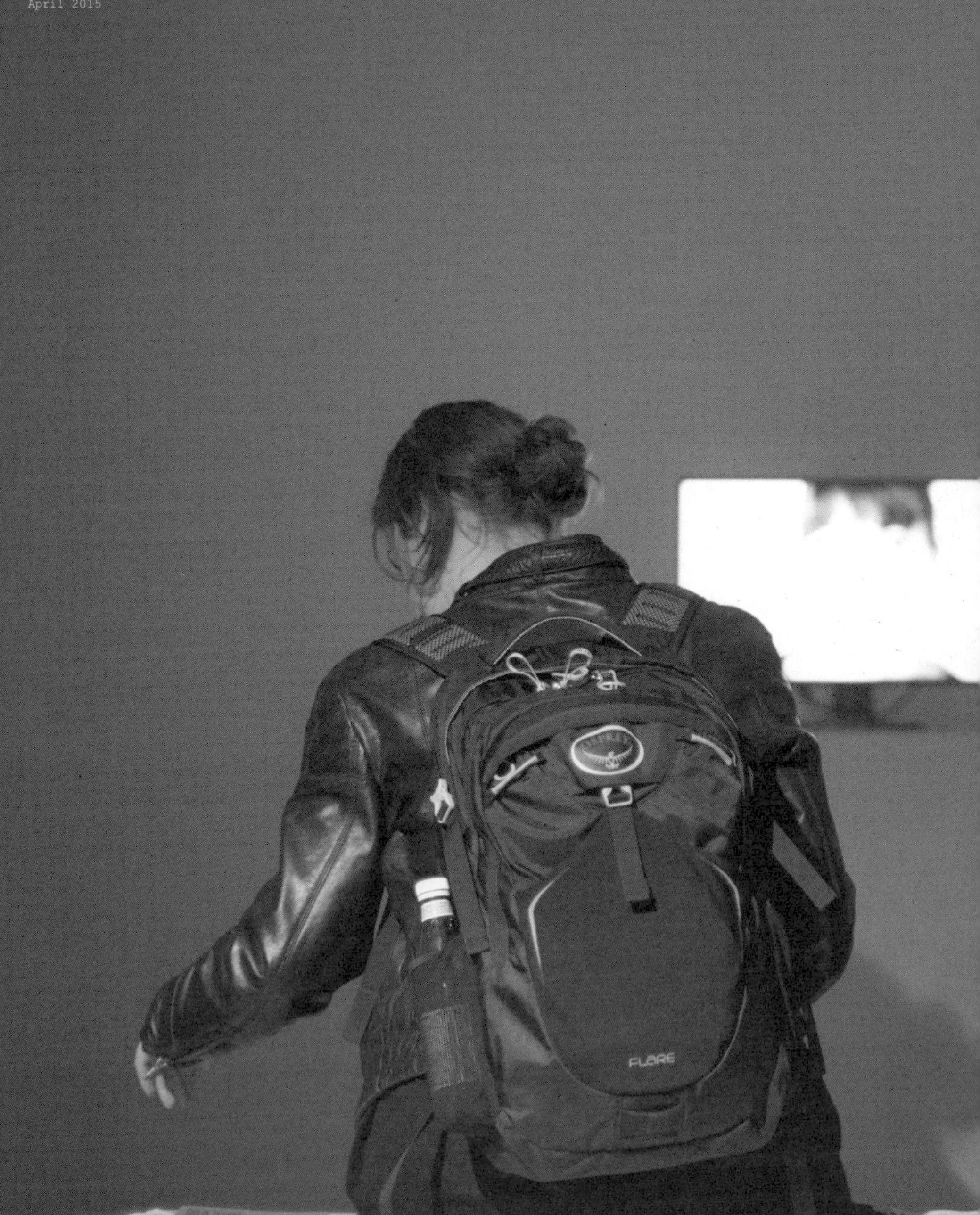

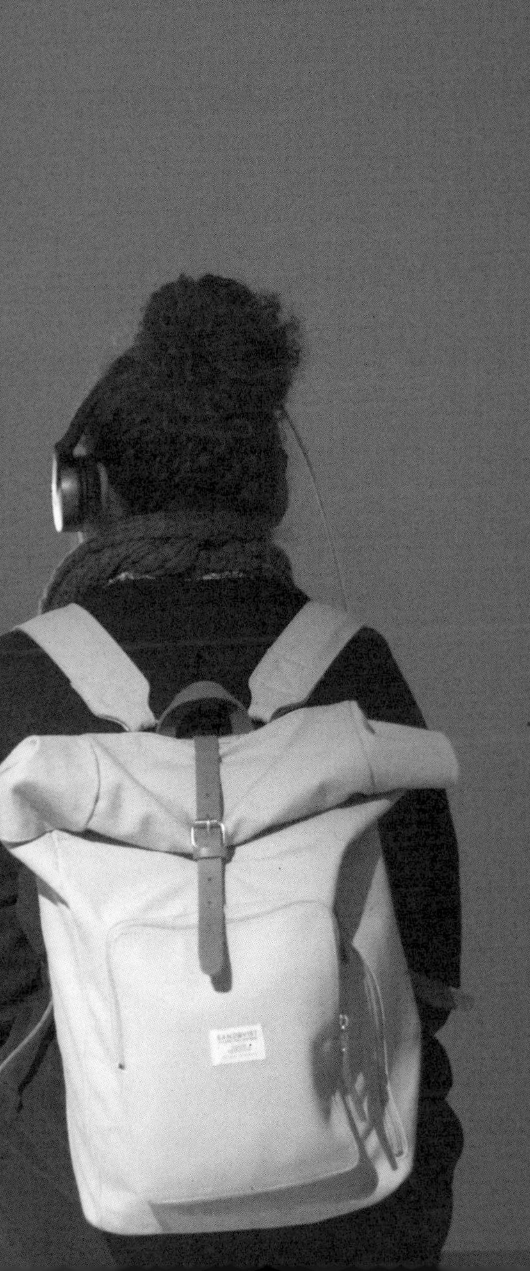

'Collaboration': enige gedachten met betrekking tot nieuwe manieren om samen te leren en werken

Florian Schneider

Wat in de jaren '90 *New Economy* werd genoemd, was oppervlakkig gezien een vaag begrip, maar als er één principe is waarvan gezegd kan worden dat het erdoor werd bepaald, was dat wel: 'Werk samen'. Het speelde een rol bij de verschuivingen en veranderingen, de dynamiek en de blokkades, de noodsituaties en de geleidelijke vorming van gewoontes die plaatsvonden op het gebied van de immateriële productie.

Geconfronteerd met zowel de uitdagingen van de digitale technologie, de mondiale communicatie en netwerken, als met de inherente onbekendheid van traditionele systemen hiermee, kwam het 'samen werken' op als een niet-systematische vorm van collectief leren.

Langzaam en haast onmerkbaar kwam daarbij ook een nieuw woord in zwang. Op het eerste gezicht zou het de minst betekenisvolle gemeenschappelijke deler kunnen zijn om nieuwe vormen van samenwerking te beschrijven, toch is het Engelse *'collaboration'* [in de zin van gezamenlijk aan een gemeenschappelijk doel werken – vert.] één van de centrale termen van een opkomend contemporain politiek bewustzijn geworden.

Hoewel het woord vaak ook in de meest uitgeklede, utilitaire zin wordt gebruikt, houdt *'collaboration'* veel meer in dan gezamenlijk handelen. De betekenis strekt zich uit in de richting van een netwerk van onderling verbonden strevingen en invalshoeken. Letterlijk betekent het 'samenwerking met anderen, met name in een intellectuele taak', maar de term wordt tegenwoordig alom gebruikt om nieuwe vormen van arbeidsverhoudingen op verschillende gebieden van de immateriële productie aan te duiden. Ondanks dat betekenisvolle voorkomen bestaat er weinig onderzoek naar of theoretische reflectie op de term. Dat is mogelijk te wijten aan een breed gamma van – deels onderling tegenstrijdige – factoren die op een belangwekkende wijze met elkaar zijn vervlochten.

Als pejoratief staat *'collaboration'* [evenals het Nederlandse 'collaboratie' – vert.] voor het gewillig meewerken met de nationale vijand, met name met een bezettingsmacht of een kwaadwillende mogendheid. Het houdt in dat men samenwerkt met een macht waarmee men niet direct is verbonden. Het meest in het oog lopende voorbeeld is dat van het Franse Vichy-regime, dat na de ontmoeting tussen Hitler en maarschalk Pétain in Lontoire-sur-le-Loir in oktober 1940 *'collaboration'* [Frans – vert.] tot haar motto maakte. In een radiotoespraak riep Pétain de Franse bevolking openlijk op om te 'collaboreren' met de Duitse bezetters, terwijl de Franse verzetsbeweging degenen die samenwerkten met de Duitse strijdkrachten later zou brandmerken als 'collaborateurs'.

Ondanks die negatieve oorsprong, wordt het [Engelse – vert.] woord *'collaboration'* tegenwoordig meestal gebruikt als een synoniem voor *'cooperation'*. Meestal zijn definities uit het woordenboek en het gebruik in de dagelijkse spreektaal min of meer gelijkwaardig, maar in etymologische, historische en politieke zin lijkt het zinvoller om de feitelijke verschillen tussen verschillende, naast elkaar bestaande betekenislagen te onderzoeken.

Is het in beginsel mogelijk een betekenisvol verschil te maken tussen *'cooperation'* en *'collaboration'*, en wat zou het doel daarvan kunnen zijn? En als dat zo is, waardoor worden dan de constellaties, sociale groepen en relaties waarin mensen samenwerken gekenmerkt? En, *last but not least*: heeft dit gevolgen voor het huidige debat over educatie?

Hieronder volgen zeven notities en voorstellen waarin ik een poging doe deze vragen aan de orde te stellen - op een uiterst voorlopige, eclectische en schetsmatige wijze.

1. In het pedagogische discours zijn zowel '*cooperation*' als '*collaboration*' betrekkelijk nieuwe termen. Ze zijn in de jaren '70 opgekomen in de context van 'gezamenlijke leeractiviteiten' en 'projectgeoriënteerd leren' , die geacht werden te breken met een autoritaire, docentgeoriënteerde stijl om het denken van de student te sturen.

Wat zou kunnen worden gedefinieerd als 'educatief teamwerk' stemt overeen met een idee dat in dezelfde tijd werd gepropageerd in de managementtheorie: dat wil zeggen dat mensen, als ze binnen een team werken, dienen te begrijpen en te geloven dat denken, plannen, beslissen en handelen beter in samenwerking met anderen kunnen worden gedaan.

In het begin van de vorige eeuw, en ver voor zijn tijd, zei Andrew Carnegie, de staalmagnaat en stichter van de Carnegie Technical Schools: "Teamwerk is het vermogen om samen te werken aan een gemeenschappelijke visie, het vermogen om individuele prestaties te richten op een doel dat door de organisatie wordt gesteld. Het is de brandstof waarmee gewone mensen in staat zijn om buitengewone resultaten te bereiken."

Tot op de dag van vandaag wordt dit beroemde citaat waarschijnlijk nog aangehaald in ontelbare PowerPoint presentaties van HR-managers over de hele wereld, maar het hoofdidee ervan werd pas vroeg in de jaren '80 werkelijkheid, toen het concept door de crisis in de automobielindustrie voor het eerst op grote schaal doordrong in de wereld van de industriële productie.

Fabrieken die tot dan toe werden gekenmerkt door een sterk gespecialiseerde arbeidsverdeling, meestal gepaard aan een hoge graad van zelforganisatie van de arbeiders in vakbonden, werden op zijn kop gezet: men begon teamwerk te beschouwen als een noodzakelijke voorwaarde om de macht van de bonden te breken, waardoor de arbeidskosten konden worden verlaagd en het pad kon worden ingeslagen naar een zogenaamde 'lean' productie, wat in die tijd werd gezien als het antwoord op de mondiale concurrentie en in het bijzonder op het succes van de Japanse export naar de VS en Europa.

In deze late fase van het industriële kapitalisme stond het idee van teamwerk voor de onderwerping van de subjectiviteit van de arbeiders aan een alomtegenwoordig en geïndividualiseerd controleregime. Het concept van de groep verving het klassieke 'ploegbaassysteem' als disciplinerende kracht. Om de efficiency te vergroten werd, in plaats van repressie, groepsdwang gebruikt en de collectieve identificatie van betrekkelijk kleine groepen van veelzijdig inzetbare medewerkers.

Het teamwerkmodel verspreidde zich al snel over verschillende bedrijfstakken en industrieën, echter zonder groot succes. Inmiddels bleek uit allerlei onderzoeken dat teams vaak de verkeerde beslissingen nemen, in het bijzonder als hun taak met zich meebrengt dat er tamelijk complexe problemen moeten worden opgelost. Teamwerk mislukt regelmatig vanwege het simpele feit dat geïnternaliseerde vormen van samenwerking worden gekenmerkt door het "oppotten" ofwel het achterhouden van informatie. Precies het tegenovergestelde van het delen van kennis: om carrière te kunnen maken moet relevante informatie voor anderen worden verborgen. Het bundelen van krachten in een groep of team vergroot ook de kans op mislukking in plaats van succes. Lastige groepsdynamica, onvoorspelbare druk van buitenaf en slechte managementmethoden zijn verantwoordelijk voor de rest.

Deze totale mislukking is zelfs nog verbazender als we in aanmerking nemen dat, door de snelle technologische ontwikkeling en de beschikbaarheid van mondiale intellectuele hulpbronnen, de druk op individuen om kennis in en tussen groepen uit te wisselen groter zou moeten worden. Echter, naarmate kennis de belangrijkste productiefactor werd, leken noch relaxte en goedbedoelende antiautoritaire strategieën, noch brutale dwang om samenwerking af te dwingen in staat om nieuwe kwaliteiten toe te voegen aan de dynamiek van het 'samen werken'.

2. Er is steeds meer bewijs waaruit blijkt dat 'samen werken' feitelijk op nogal onvoorspelbare en onverwachte manieren plaatsvindt. In plaats van door het beoefenen van de vermeende edelmoedigheid van een groep individuen die solidariteit nastreven, werkt het vaak op een bruuske en soms zelfs hardvochtige manier. Daarbij verlaten individuen zich meer op elkaar naarmate ze sterker hun eigen belang najagen en vergroot hun onderlinge afhankelijkheid zich doordat ieder zijn eigen agenda volgt. De uitwisseling [van informatie] komt dan voort uit noodzaak, in plaats van wederkerigheid, identificatie of wenselijkheid.

Dit brengt met zich mee dat er in beginsel een zeker onderscheid moet worden gemaakt tussen 'cooperation' en 'collaboration'. In tegenstelling tot 'cooperation' wordt 'collaboration' gedreven door complexe realiteiten, in plaats van romantische ideeën over wat we ons bindt of wat we gemeenschappelijk hebben. Het is een ambivalent proces, dat ontstaat vanuit een aantal paradoxale relaties tussen medewerkers, die ook elkaar beïnvloeden. In "Le Maître ignorant", gepubliceerd in 1983, wijst Jacques Rancière erop dat onwetendheid de belangrijkste deugd van een meester of leraar is. Hij geeft het voorbeeld van Joseph Jacotot, een Franse revolutionair in ballingschap en vanaf 1815 professor in de Franse literatuur aan de Universiteit van Leuven in België. Omdat hij en zijn Nederlandstalige studenten geen gemeenschappelijke taal spraken, onderwees hij ze Frans. Hij gebruikte daarvoor wat een geheel '*collaborative*' methode leek te zijn: zonder een gemeenschappelijke agenda op te stellen, een gemeenschappelijke basis te zoeken of te communiceren via een gedeelde set gereedschappen. Hij "gaf de controle in handen van zijn studenten en zei ze, met behulp van een tolk, om de helft van het boek met behulp van de vertaling te lezen, om voortdurend te herhalen wat ze hadden geleerd, en om dan snel de andere helft te lezen en vervolgens in het Frans op te schrijven wat ze ervan vonden." Dit "onderwijs zonder overdracht van kennis," zoals Rancière het definieert, leek een ongelooflijk succes te zijn, omdat het een zekere mate van zelfstandigheid verleende aan de studenten, die hun eigen kennis verwierven - op een zelfgekozen wijze, en onafhankelijk van hun leraar.

Het voorbeeld van Rancière is bij uitstek verhelderend in de context van '*collaboration*' en de verhouding tussen dat concept en ideeën over hiërarchie, die volgens een groot deel van het discours over samenwerking zou moeten zijn verdwenen. Het legt de hypocrisie van het zogenaamde antiautoritaire denken bloot, dat ten grondslag ligt aan veel denkbeelden over *cooperation*. Deze misvatting zou kunnen worden opgevat als een kunstgreep waarbij een machtspositie op ruimhartige wijze wordt opgegeven, terwijl tegelijkertijd de intrinsieke paradox van die handelwijze wordt genegeerd, zodat de macht in een oneindige, regressieve herhaling telkens weer opduikt, steeds sterker dan tevoren. Hoe meer de macht probeert uit te leggen, bemiddelen, communiceren of onderrichten, hoe sterker de afstand, ongelijkheid en afhankelijkheid van degenen zonder kennis ten opzichte van hen die de kennis lijken te bezitten wordt bevestigd, steeds opnieuw. Hetzelfde is van toepassing op *cooperation* en teamwerk: de pretentie van gelijkheid vergroot in feite zowel de discriminatie als de uitbuiting. Tegelijkertijd lijkt voortdurend bewijs te worden geleverd dat deze illusie ondersteunt, alsof er geen radicaal andere methoden om samen te werken zouden bestaan.

3. Het werk van Jacotots studenten kan worden opgevat als een vorm van *collaboration* met hun leraar, die de hiërarchie nivelleert en de relatie tussen leraar en student afschaft, zonder die te romantiseren. Bij *collaboration* worden hiërarchieën noch bekritiseerd, noch moreel afgekeurd of zogenaamd afgeschaft. Deze manier van samenwerking maakt het mogelijk de onwetendheid van de onwetenden te negeren en de armoede van de armlastige te pauperiseren, juist omdat *collaborators* kennelijke autoriteit niet betwijfelen, of pretenderen gelijk te zijn. In plaats daarvan hebben ze een systeem ontwikkeld, niet op basis van ruilhandel, maar voortkomend uit flow, waarbij deze opstellingen helemaal worden vermeden.

Collaborations zijn de zwarte gaten in systemen voor kennismanagement. Grif brengen ze leegte voort, maar ook overvloed en kwalijk gedrag. En het is juist hun leegte die hun kracht vormt. In tegenstelling tot *cooperation*, vindt *collaboration* niet plaats om sentimentele redenen, uit filantropische opwellingen of omwille van efficiency – het komt voort uit puur eigenbelang. *Collaborations* zouden het verbazende potentieel kunnen blootleggen waardoor een onwetende, arme of anderszins bezitloze persoon een andere onwetende, arme of anderszins bezitloze persoon in staat kan stellen te weten wat hij of zij niet wist, en toegang te geven tot wat voor hem of haar ontoegankelijk was. Daarvoor is het niet noodzakelijk dat iets wordt overgebracht van de haves naar de havenots, maar hoeft alleen een keten van onverwachte toegangsmogelijkheden in beweging te worden gezet.

Door de aandacht af te leiden van haar samenstellende delen en resultaten, is *collaboration* een performatief en transformatief proces: de plotselinge behoefte om de vertrouwde grenzen van de eigen ervaringen, vaardigheden en intellectuele bronnen te overschrijden, om het naamloze en vreemde domein binnen te gaan waar gaven die tot dan toe als 'individueel' werden beschouwd op wonderbare wijze versmelten met die van anderen. In deze opeenvolging van gebeurtenissen verlopen resultaten en processen in een relatie die tegenovergesteld is aan de machtsverhoudingen. Want wat er plaatsvindt is niet het 'verlenen' van toegang, maar de algemene erkenning onder alle bij het proces betrokkenen, dat het de onverwachte veelvuldigheid en de onzekere locatie van de toegangspunten is waar het om gaat bij de uitwisseling.

4. Het terugvertalen van het concept van 'collaboration' naar de context van het onderwijs, wijst ook op een vorm van *reverse engineering* van de rol van de leraar. Etymologisch betekenen 'pedagoog' of 'educator' in het Grieks en Latijn 'eruit halen' of 'eruit trekken', wat refereert aan een oude Griekse gewoonte: een slaaf van de familie die 'pedagoog' werd genoemd placht het kind van het woonhuis te voet te begeleiden naar de plaats van onderwijs. In plaats van de leraar, die verondersteld werd kennis te bezitten en over te brengen, was de pedagoog degene die de student begeleidde naar de plaats waar de leraar hem in de kennis liet delen.

Deze, nogal ruimtelijke notie om iemand over een specifieke grens heen te nemen, roept veelbetekende associaties op met mensensmokkel. De smokkelaar of 'coyote'- zoals hij wordt genoemd aan de grens tussen de VS en Mexico – helpt mensen die zonder papieren de grens over willen steken om zonder de vereiste documenten van de ene natiestaat naar de andere te komen. De coyote is voortdurend onderweg, met alleen tijdelijke dienstbetrekkingen, naamloos en anoniem. Hij verwisselt van uiterlijk en loopt voortdurend over en is ironischerwijze het perfecte rolmodel voor zowel onderwijs als 'collaboration'. Als metafoor dient dit ook het doel om het idee van 'kennis in beweging' te destabiliseren, weg van de progressieve richting waarheen het steeds zou moeten leiden. In plaats daarvan staat het een zekere mate van wetteloosheid toe die inherent is aan alle vormen van 'collaboration', en die het onderscheidt van de altijd perfect gesanctioneerde en legitieme aard van 'cooperation'. Door er een beginsel van mobiliteit aan te ontlenen en de ontbrekende legi-

timering te zien als een ondersteunende factor in plaats van als een misdadig onmenselijke en beperkende invloed, zal de 'coyote' - die al dan niet door eigenbelang kan zijn gemotiveerd, zonder ideologische bindingen - mogelijkheden creëren waarvan de parameters niet kunnen worden bepaald. De motieven van de 'coyote' blijven onduidelijk, of - laten we zeggen - doen er helemaal niet toe. De 'coyote' is de postmoderne dienstverlener *par excellence*. Het feit dat er tussen degenen die deel hebben aan de transactie nagenoeg geen vertrouwen bestaat, speelt in feite geen rol bij het verloop van het spel. We zouden kunnen zeggen dat hier de conceptuele onzekerheid van veel groter belang is dan de financiële aspecten van de '*collaboration*' en een overvloed aan affecten en waarnemingen, gevoelens en reacties losmaakt. Degenen die de steun van de coyote niet nodig hebben zullen hem opjagen en demoniseren; degenen die vertrouwen op de geheime kennis en vaardigheden van de coyote stellen ze des te meer op prijs. De extreme polariteiten die deze respons vertoont, geeft een indruk hoe uitgebreid het veld is waarin '*collaboration*' functioneert, en hoe onmogelijk het is om het te doorkruisen op een moraliserend bestek.

Uiteindelijk genereert '*collaboratie*' met een coyote pure potentialiteit: van de droom van een beter leven tot de werkelijkheid van zuivere levende arbeidskracht, klaar om tot op het bot te worden uitgebuit op de informele arbeidsmarkt. Als het niet zo'n volkomen ongereguleerde aard had, zou deze samenwerkingsvorm resultaten boeken die vergelijkbaar zijn met die van traditionele onderwijssystemen. We zouden kunnen zeggen dat er in deze uitwisseling niets kan worden opgeëist voor het materiële bestaan - laat staan voor bezit. Niettemin wordt er iets zeer kostbaars tot leven gewekt dat buitengewoon kwetsbaar is: pure verbeelding, maar desondanks onmetelijk krachtig.

5. Tegen de achtergrond van de postmoderne controlemaatschappij, draait 'collaboration' om het in het geheim, niet door grenzen gebonden uitwisselen van kennis. Het staat voor de poging de eigen autonomie te heroveren en greep te krijgen op immateriële bronnen in een kennisgedreven economie. Het doet er niet meer toe wie over kennis beschikt en wie de bronnen bezit. Wat ertoe doet is toegankelijkheid – niet het soort toegang dat ruimhartig wordt verleend, maar een directe, rechtstreekse en ogenblikkelijke toegang, die vaak op illegale of niet-wettige wijze wordt verkregen.
Terwijl bij 'cooperation' identificeerbare individuen binnen en tussen organisaties betrokken zijn, drukt 'collaboration' een gedifferentieerde verhouding uit, bestaande uit heterogene elementen die als singulariteiten worden gedefinieerd. Als zodanig zijn ze niet identificeerbaar of kan hun identiteit niet gemakkelijk worden gecategoriseerd, maar worden ze gedefinieerd op basis van emergente relaties onder elkaar. In die zin is 'collaboration' buitengewoon voor zover het een discontinuïteit produceert en een punt van onvoorspelbaarheid markeert, hoe deterministisch het ook mag zijn. De vorm die de onvoorspelbaarheid aanneemt is zo, dat het niet mogelijk is de samenstellende delen van het 'collaborative' proces te categoriseren, zelfs al stuurt de algemene doelstelling of motivatie het in een bepaalde richting.
De rationaliteit is hier vervangen door een soort relationaliteit, die voortdurend informatie ontbindt en opnieuw samen stelt, teneinde tijdelijk gebruik te maken

van onverwachte dynamiek en onvoorziene gebeurtenissen: van speculatie op de aandelenmarkt tot de ontwikkeling van netwerkprotocollen, van de schepping van nieuwe vormen van esthetica in kunst en cultuur tot een generatie van politiek activisme met mondiale aspiraties. Mensen ontmoeten elkaar en werken samen onder omstandigheden waar hun efficiency, prestaties en arbeidskracht niet op zichzelf kunnen worden genomen en individueel worden gemeten. Voor iedereen geldt dat zijn werk naar dat van iemand anders verwijst. Het leggen en onderhouden van verbindingen lijkt belangrijker dan te pogen ideeën vast te leggen en op te slaan. De eigen productie is heel persoonlijk, maar toch wordt hij gegenereerd en vaak verveelvoudigd in netwerken die zijn samengesteld uit talloze afzonderlijke afhankelijkheden en die zijn ontstaan dankzij de macht om te beïnvloeden en beïnvloed te worden. Er is geen bepaald punt in het proces waarop dit kan worden stilgezet en geverifieerd, aangezien het zijn kracht verwerft doordat het geen expliciete ingangs- of uitgangspunten heeft, zoals een normatief werkscenario zou kunnen hebben.
In essentie gaat deze overdaad het meten te boven. 'Collaboration' staat in verhouding tot de wiskundige definitie van singulariteit als het punt waarop een functie naar oneindig verloopt of zich op een andere wijze misdraagt. Het concept van singulariteit creëert het onderscheid tussen 'collaboration' en 'cooperation', en verwijst naar een emergent idee van onbestendigheid, een systemische instabiliteit. Op zijn beurt kan dit worden gezien als de crisis die samenhangt met de verschuiving en transitie in de wijze van samenwerken, van 'cooperation' naar 'collaboration'.

De netwerken van spontaniteit, enthousiasme, creativiteit, geweldige druk, voortdurend toenemende zelftwijfel en wanhoop zijn tijdelijk en fluïde. Ze nemen allerlei vormen aan maar verwijzen altijd naar een permanente staat van onveiligheid en onbestendigheid, de blauwdruk voor wijd verspreide vormen van beroepen en bezigheden in de maatschappij. Ze laten de andere zijde zien van immateriële arbeid, die verborgen ligt in de retoriek van 'samen werken'.

6. Tegenwoordig is het geweldig belangrijk om te leren om te gaan met een dergelijke overdaad. Dit is niet zomaar het domein van een exclusieve minderheid van geeks, nerds, dropouts en neurotische freelancers: het omvat een snel groeiende, mondiale beroepsgroep die zich bezighoudt met immateriële arbeid en die wordt geconfronteerd met het vooruitzicht van een leven lang leren zonder het bijbehorende vooruitzicht ooit een leraar of een schoolboek bij de hand te hebben, omdat kennis waardeloos blijkt te zijn zodra ze kan worden gecommodificeerd, of als zodanig kan worden gereproduceerd.

De cruciale vraag is hoe het mogelijk is 'collaboration' te onderwijzen in een vorm die niet ad absurdum wordt gereduceerd tot het toepassen van de ene gemeenplaats na de andere. Die zou zeker niet inhouden dat een 'collaborative' proces zou kunnen worden opgezet in een klaslokaal of een andere onderwijsruimtes. Dit debat kan plaatsvinden op een metaniveau, of rondom het punt van het 'desorganiseren' van jezelf, zodat je alert en klaar bent voor toekomstige uitdagingen van 'collaborative' werkomgevingen. Het kan plaatsvinden door onderdelen van het geheel van kennis te fragmenteren en deze opnieuw

volgens andere principes te groeperen. Of het kan plaatsvinden door vooraf vastgelegde aanwijzingen rond kennisstromen te verwijderen.

'*Cooperation*' speelt zich noodzakelijkerwijze af in client-server architecturen. Het verschijnsel volgt een metaforische vertelstructuur, waarbij de coherente toewijzing van elke rol, en de relatie daarvan tot de andere telkens opnieuw wordt gereproduceerd. Het huidige onderwijssysteem is een afspiegeling van deze structuur en is daardoor in essentie niet in staat om een antwoord te bieden op de huidige uitdagingen – laat staan op die van de toekomst. Nog ernstiger is dat hoe meer het systeem poogt zichzelf opnieuw te moderniseren, hoe dieper het wegzinkt in het moeras van commodificatie, homogenisering en hiërarchisering. Het ligt voor de hand dat het probleem zit in de opvatting van het onderwijssysteem over wat de hedendaagse eisen zijn, en de hardnekkige druk dat die een 'bruikbare' functie moeten hebben. Als een '*collaboration model*' zou worden toegepast op onderwijsculturen, dan zou dat een zeker onvermogen om de uitkomsten vooraf te bepalen moeten accepteren, zelfs als de twee een aantal ambities of richtlijnen zouden delen, of als ze verankerd zouden zijn in een aantal erkende problematieken.

7. '*Collaboration*' brengt rhizomatische structuren met zich mee, waarbij kennis weelderig groeit en zich op onvoorspelbare manieren uitbreidt. In tegenstelling tot '*cooperation*', dat altijd een organisch model impliceert en een transcendente functie, is '*collaboration*' een strikt immanente en wilde praxis. Iedere '*collaborative*' activiteit begint en eindigt binnen het kader van de 'collaboration'. Er is geen externe doelstelling en die kan ook niet worden opgelegd. Er is een strikte intransitiviteit, het gebeurt, om zo te zeggen, omwille van zichzelf.

'*Collaborations*' zijn vraatzuchtig. Als ze eenmaal in beweging zijn gezet kunnen ze al snel hele productiemodaliteiten overvallen en aantasten. De ontwikkeling van 'free' of 'open source' software is waarschijnlijk het meest in het oog springende voorbeeld van de transformerende kracht van '*collaboration*', doordat het de relaties tussen auteurs en producers [van software] enerzijds en gebruikers en consumenten anderzijds heeft 'geontdefinieerd'. Het dwingt een paradigma af dat iedere gebruiker behandelt als een potentiële 'collaborator', die zich eigenlijk ook met de ontwikkeling van het de programmacode zou kunnen bemoeien, ongeacht zijn feitelijke belangstelling of capaciteiten. De participatie wordt virtueel: het is genoeg dat je zou kunnen bijdragen met een patch of dat je een probleem zou kunnen aankaarten. Je hoeft het niet echt te doen om deel uit te maken van de dynamiek, de effectiviteit en de essentiële openheid van een '*collaboration*'.

In het laatste voorbeeld is de democratische of egalitaire ambitie gemigreerd naar het domein van de virtualiteit. Open source ontwikkelaarsgroepen volgen meestal niet de patronen en regels van de representatieve democratie, hun radicale idee van gelijkheid blijkt uit de algemeen geldende voorwaarde dat iedereen directe en onbegrensde toegang heeft tot het totale bronmateriaal waaruit een ontwikkelproject bestaat. Het resultaat is even simpel als overtuigend: wie het er niet mee eens is, kan een 'fork' starten, een eigen ontwikkelingstak, zonder de toegang tot de [oorspronkelijke] productiebronnen te verliezen.

Op het internet worden gedistribueerde niet-hiërarchische informatiesystemen gekenschetst als 'peer-to-peer'(P2P) netwerken. Ze doken op in de jaren '90 van de vorige eeuw en veroorzaakten een revolutie in het conventionele distributiemodel. Dergelijke netwerken werden aanvankelijk ontworpen om immateriële bronnen uit te wisselen, zoals computertijd of bandbreedte, voornamelijk in een universitaire context. Hun bedoeling was om technologische grenzen, handicaps en tekorten te overwinnen door de bestaande, ongebruikte bronnen te combineren. Sinds de late jaren '90 van de vorige eeuw is dezelfde netwerkarchitectuur gebruikt om relevante content uit te wisselen: muziek en films werden verspreid onder gewone personal computers die functioneerden als zowel ontvangende als zendende knooppunten in razendsnel groeiende netwerken.

Het enorme succes van deze projecten, van 'Napster' tot BitTorrent' – tegenwoordig wordt geschat dat ze verantwoordelijk zijn voor ongeveer de helft van het totale internetverkeer – maakte het mogelijk dat mensen die elkaar niet kennen en daar waarschijnlijk ook de voorkeur aan geven, hun harde schijven in feite 'delen'. Eigenlijk is hun anonieme relatie gebaseerd op een ironische vorm van delen, zelfs in een puur wiskundige betekenis: dankzij de verliesvrije en gratis digitale kopieën wordt hun 'voorwerp van verlangen' eerder vermenigvuldigd dan verdeeld.

In het laatste voorbeeld worden '*collaborations*' gedreven door de wens om verschil te creëren en om de absolutistische macht van organisaties af te wijzen.

'*Collaboration*' houdt in dat schaarste en ongelijkheid worden overwonnen en dat wordt gestreden voor de vrijheid om te

produceren. Het idee heeft een geweldige sociale potentie, aangezien het een vorm is waarin de onbegrensde creativiteit van een veelheid van productieve praktijken wordt gerealiseerd en ervaren.
De mogelijkheid om deze noties van '*collaboration*' te verbinden met hedendaags(e) onderwijs en pedagogiek heeft minder te maken met het emuleren van hun modaliteiten, en meer te maken met hun vermogen te inspireren tot een herschikking van de verhoudingen op dit gebied. Op het gebied van onderwijs is dat niet beperkt tot de schijnbaar goede bedoelingen en de democratiserende impulsen van het 'samen werken'-aspect van '*collaboration*', maar zou het kunnen betekenen dat zowel de richting als de 'flow' van de onderwijsactiviteiten heroverwogen moet worden. Bijvoorbeeld het verschuiven van de exclusieve aandacht voor de leermeester naar de leerling, of het verschuiven van de richting van de uitwisselingen die plaatsvinden naar een kringloop die waarde toekent aan alles wat zich daarbinnen bevindt. Het zou ook kunnen betekenen dat de resultaten van het onderwijs worden 'weggedacht' van vooraf vastgestelde criteria, in de richting van het vermogen om het eigen domein voortdurend te beïnvloeden en herstructureren.

Collaboration: Some thoughts concerning new ways of learning and working together

If one principle could be seen to inform the opaque surface of what in the 1990s was called a "new economy" -- the shifts and changes, the dynamics and blockades, the emergencies and habit formations taking place within the realm of immaterial production -- it would certainly be: "Work together".
Facing the challenges of digital technologies, global communications, and networking environments, as well as the inherent ignorance of traditional systems towards these, 'working together' has emerged as an unsystematic mode of collective learning processes.
Slowly and almost unnoticeably, a new word came into vogue. At first sight it might seem the least significant common denominator for describing new modes of working together, yet "collaboration" has become one of the leading terms of an emergent contemporary political sensibility. Often collapsed into the most utilitarian understanding, 'collaboration' is far more than acting together, as it extends towards a network of interconnected approaches and efforts. Literally meaning working together with others, especially in an intellectual endeavor, the term is nowadays widely used to describe new forms of labour relations within the realm of immaterial production in various fields; yet despite its significant presence there is very little research and theoretical reflection on it. This might be due to a wide range of partly contradictory factors that are interestingly intertwined.
As a pejorative term, collaboration stands for willingly assisting an enemy of one's country, especially an occupying force or

malevolent power. It means working together with an agency with which one is not immediately connected. Most prominently, "collaboration" became the slogan of the French Vichy regime after the meeting of Hitler and Marshall Petain in Lontoire-sur-le-Loir in October 1940. In a radio speech Petain officially enlisted the French population to "collaborate" with the German occupiers, while the French resistance movement later branded those who cooperated with the German forces as "collaborators".

Despite these negative origins, the term collaboration is mostly used today as a synonym for cooperation. Dictionary definitions and vernacular uses are generally more or less equivalent; but etymologically, historically and politically it seems to make more sense to elaborate on the actual differences between various coexisting layers of meaning.

Is it in principle, possible to make a relevant distinction between cooperation and collaboration and to what end? If so, what characterizes the constellations, social assemblages and relationships in which people collaborate? And last but not least: Does this have any impact for the current debate on education?

What follows are seven notes and propositions in which I try do address these questions in a very preliminary, eclectic and sketchy way.

1. In pedagogical discourse, both cooperation and collaboration are relatively new terms. They emerged in the 1970s in the context of "joint learning activities" and "project-based learning", which were supposed to break with an authoritarian teacher-centred style of guiding the thinking of the student.

What might be defined as "educational teamwork" corresponds to an idea promoted at the same time by management theory; that is, in a teamwork environment, people are supposed to understand and believe that thinking, planning, decisions and actions are better when done in cooperation.

At the beginning of the last century and well ahead of his time, Andrew Carnegie, steel-tycoon and founder of Carnegie Technical Schools, said: "Teamwork is the ability to work together toward a common vision, the ability to direct individual accomplishments toward organizational objectives. It is the fuel that allows common people to attain uncommon results."

To this day, this famous quote has probably featured prominently in a myriad powerpoint presentations by human resource managers across the globe, but its central argument only became a reality in the early 1980s, when the crisis in the car manufacturing industries triggered the first large scale proliferation of the concept of teamwork in the realm of industrial production.

Factories that had hitherto been characterized by a highly specialized division of labour usually coupled with a strong self-organization of the workers in trade unions were turned upside down: teamwork started being considered as a prerequisite for breaking the power of the unions, dropping labour costs and moving towards so-called 'lean' production, which was seen at the time as a response to global competition and the success of Japanese exports to the US and Europe in particular.

In late industrial capitalism the notion of teamwork represented the subjugation of workers' subjectivity to an omnipresent and individualized control regime. The concept of group replaced the classical one of "foremanship" as the disciplining force. Rather than through repression, cost efficiency was increased by means of peer-pressure and the collective identification of relatively small groups of multi-skilled co-workers.

The model of teamwork soon spread across different industries and branches, yet without any great success. Meanwhile, various research studies showed that teams often make the wrong decisions, especially when the task involves solving rather complex problems. Teamwork frequently fails for the simple fact that internalized modes of cooperation are characterized by "hoarding" or stockpiling, quite the opposite of knowledge sharing: in the pursuit of a career, relevant information must be hidden from others. Joining forces in a group or team also increases the likelihood of failure rather than success; awkward group dynamics, unforeseeable external pressures and bad management practices are responsible for the rest. This overall failure is even more staggering if we consider that rapid technological development and the availability of global intellectual resources were supposed to have increased the pressure on individuals to exchange knowledge within and between groups. Yet as knowledge became the main productive force, neither the free wheeling and well-meaning strategies of anti-authoritarianism nor the brutal force of coercing cooperation seemed capable of establishing any new dimensions of the dynamics of 'working together'.

2. Increasing evidence shows that 'working together' actually occurs in rather unpredictable and unexpected ways. Rather than through the exertion of the alleged generosity of a group made up of individuals in the pursuit of solidarity, it often works as a brusque and even ungenerous practice, where individuals rely on one another the more they chase their own interests, their mutual dependence arising through the pursuit of their own agendas. Exchange then becomes an effect of necessity rather than one of mutuality, identification or desire.

This entails an initial level of differentiation between cooperation and collaboration: in contrast to cooperation, collaboration is driven by complex realities rather than romantic notions of common grounds or commonality. It is an ambivalent process constituted by a set of paradoxical relationships between co-producers who affect one another.

In "Le Maître ignorant", published in 1983, Jacques Rancière indicates that ignorance is the first virtue of the master or teacher. He gives the example of Joseph Jacotot, an exiled French revolutionary, professor of French literature at the University of Louvain in Belgium from 1815. Jacotot taught French to his Dutch-speaking students in the absence of a shared language, through what appears to be an entirely collaborative method: without setting up a common agenda, identifying a common ground or communicating through a shared set of tools, he "placed himself in his students' hands and told them, through an interpreter, to read half of the book with the aid of the translation, to repeat constantly what they had learned, to quickly read the other half and then to write in French what they thought about it." This "teaching without transmitting knowledge", as Rancière defines it, seemed to be incredibly successful, because it granted a level of autonomy to the students who acquired their own knowledge as they deemed useful and independently from their teacher.

Rancière's example is particularly enlightening in the context of collaboration and its relation to notions of hierarchy which so much of collaborative discourse deems to have vanquished. It exposes the hypocrisy of the supposed anti-authoritarianism that essentially underlies many notions of cooperation. This misconception might be seen as the practice of liberally weakening the position of power, yet ignoring the inherent paradox of doing so, so that in an infinite line of regression power reappears even stronger than before. The more it tries to explain, mediate, communicate or teach, the more it reaffirms the distance, inequality and dependency of those who lack knowledge on those who seem to possess it. The same applies to cooperation and teamwork: a presumption of equality actually extends both discrimination and exploitation while seemingly providing continuous evidence in support of such an illusion, as if there were no radically different modes of working together.

3. The work of Jacotot's students can be seen as a form of collaboration with their teacher that flattens the hierarchies and does away with the teacher-student relationship altogether, without romanticising it. Through collaboration hierarchies are neither criticised nor morally disapproved of and hypocritically discarded. This way of working together is capable of ignoring the ignorance of the ignorant and of pauperizing the poverty of the pauper precisely because collaborators are neither questioning obvious authority nor pretending to be equal. Instead they have worked out a system not of exchange but of flow in which these positions are avoided altogether.

Collaborations are the black holes of knowledge regimes. They willingly produce nothingness, opulence and ill-behaviour. And it is their very vacuity which is their strength. Unlike cooperation, collaboration does not take place for sentimental reasons, for philanthropical impulses or for the sake of efficiency; it arises out of pure self interest. Collaborations could reveal the amazing potential whereby an ignorant, poor or otherwise property-less person can enable another ignorant, poor or otherwise property-less person to know what he or she did not know and to access what he or she did not access. It does not entail the transmission of something from those who have to those who do not , but rather the setting in motion of a chain of unforseen accesses.

Shifting the focus away from its components and outcomes, collaboration is a performative and transformative process: the sudden need to cross the familiar boundaries of one's own experiences, skills and intellectual resources to enter nameless and foreign territories where abilities that had been considered "individual" marvellously merge with those of others. In this sequence, outcomes and processes follow an inverse relation as do the relations of power. For what comes about is not the 'granting' of access but a recognition across the board of those involved in the process, that it is the unexpected multiplicity and uncertain location of the points of access that is at stake in the exchange.

4. Translating the concept of collaboration back to the context of education also points to a reverse-engineering of the teacher's role. Etymologically, in Greek and Latin "pedagogue" or "educator" means "drawing out" or "pulling out" and refers to an ancient Greek practice: a family slave called "pedagogue" used to walk the child from the private house to a place of learning. Rather than the teacher, who was supposed to have and transmit knowledge, the pedagogue was the person who accompanied the student to the place where the teacher imparted it. This rather spatial notion of bringing somebody across a specific border evokes striking associations with human trafficking. The escape agent or "coyote" - as it is named at the US-Mexican border - supports undocumented border crossers who want to make it from one nation state to another without the demanded paperwork. Permanently on the move, only temporarily employed, nameless, anonymous and constantly changing faces and sides, the coyote is, in an ironic way, the perfect role-model for both education and collaboration. As a metaphor it serves the purpose of destabilising the idea of 'knowledge in movement' away from its always assumed progressive direction. Instead it allows for a certain degree of illegitimacy inherent in all forms of collaboration and distinguishes it from the always perfectly sanctioned and legitimate nature of cooperation. By extracting a principle of mobility and perceiving the lack of legitimacy as enabling as opposed to criminally inhuman and disabling, the 'coyote' who may or may not be motivated by self gain without ideological commitment, produces a possibility whose parameters cannot be gaged. The "coyote's" motivations remain unclear or, shall we say, do not matter at all. The "coyote" is the postmodern service provider par excellence. The fact that there is no trust whatsoever between those engaging in the transaction, does not actually play any part in the unfolding of its play. Here , we might say, conceptual insecurity overrides the financial aspects of the collaboration and triggers a redundancy of affects and perceptions, feelings and reactions. Those who do not need the coyote's support hunt and demonize it; those who rely on the coyote's secret knowledge and skills appreciate it all the more. The extreme polarities of these responses instantiate the range of the collaborative field and the impossibility of navigating it through moralising vectors.

Ultimately, collaboration with a coyote generates pure potential: ranging from the dream of a better life to the reality of pure living labour power ready to be over-exploited in the informal labour market. If it wasn't for its totally deregulated character, this practice would bear similar results to that of traditional educational systems; we might say that in this exchange nothing can be claimed for material existence, let alone possession, but neverthelss something very precious and entirely precarious comes into being; pure imagination, yet potentially powerful beyond measure.

5. Against the background of postmodern control society, collaboration is about secretly exchanging knowledge independently of borders. It stands for the attempt to regain autonomy and get hold of immaterial resources in a knowledge-driven economy. It no longer matters who has knowledge and who owns the resources; what matters is access: not a generously granted accessibility but a direct, immediate and instant access, often gained illegally or illegitimately.

While cooperation involves identifiable individuals within and between organizations, collaboration expresses a differentiated relationship made up of heterogeneous elements that are defined as singularities. As such they are not identifiable or subject to easy categories of identity, but defined out of an emergent relation between themselves. As such collaboration is extra-ordinary in so far as it produces a discontinuity and marks a point of unpredictability, however deterministic. Its unpredictability takes the form of not being able to entirely categorise the components of the collaborative process, even when its general aim or drive may be steering it in a particular direction.

Rationality has here been replaced by a kind of relationality that constantly decomposes and recomposes information in order to make temporary use of unexpected dynamics and contingencies: from stock market speculation to the development of network protocols, from the production of new forms of aesthetics in art and culture to a generation of political activism with global aspirations.

People meet and work together under circumstances where their efficiency, performance and labour power cannot be singled out and individually measured; everyone's work points to someone else's. Making and maintaining connections seems more important than trying to capture and store ideas. One's own production is very peculiar yet it is generated and often multiplied in networks composed of countless distinct dependencies and constituted by the power to affect and be affected. At no point in the process can this be arrested and ascertained, for it gains its power by not having explicit points of entry or exit as a normative work scenario might.

This excess is essentially beyond measure; collaboration relates to the mathematical definition of singularity as the point where a function goes to infinity or is somehow ill-behaved. The concept of singularity distinguishes collaboration from cooperation and refers to an emerging notion of precariousness, a systemic instability. This in turn can be seen as the crisis associated with the shift and transition from cooperation to collaboration in modes of working together.

The nets of voluntariness, enthusiasm, creativity, immense pressure, ever increasing self-doubt and desperation are temporary and fluid; they take on multiple forms but always refer to a permanent state of insecurity and precariousness, the blue print for widespread forms of occupation and employment within society. They reveal the other side of immaterial labour, hidden in the rhetoric of 'working together'.

6. Today it is tremendously urgent to learn how to deal with such excess. This is not simply the realm of an exclusive minority of geeks, nerds, drop-outs and neurotic freelancers; it invests a rapidly growing global immaterial labour force that is confronted with the prospect of life-long learning without the complimentary prospect of there ever having a teacher or a schoolbook in store, because knowledge emerges as useless as soon as it can be commodified and reproduced as such.

The crucial question is how a form of education to collaboration is possible that is not reduced ad absurdum to become the application of truism after truism. Certainly this would not mean the staging of a collaborative process within the classroom or other spaces of learning.

This debate can take place at a meta-level or around the issue of "un-organizing" oneself in order to be aware and ready for the future challenges of collaborative working environments. It can take place in the fragmentation of the components of bodies of knowledge and their re-alignment with one another according to other principles. Or it can take place in the removing of pre-determined directions around the flows of knowledge.

Cooperation necessarily takes place in client-server architectures. It follows a metaphorical narrative structure, where the coherent assignment of each part and its relation to the others gets reproduced over and over again. The current educational system mirrors this structure and is therefore essentially incapable of responding to contemporary challenges, let alone future ones. Even worse, the more the system attempts to re-modernize itself, the more it sinks in the swamp of commodification, homogenization and hierarchization. Obviously the problem lies with the educational system's understanding of what contemporary imperatives are and its insistance that these must have an 'applicable' function. If a model of collaboration were to be applied to educational cultures , then it would have to accept an inability to predetermine outcomes even while sharing a set of aspirations or directives or being anchored in a set of recognised problematics.

7. Collaboration entails rhizomatic structures where knowledge grows exuberantly and proliferates in unforeseeable ways. In contrast to cooperation, which always implies an organic model and a transcendent function, collaboration is a strictly immanent and wild praxis. Every collaborative activity begins and ends within the framework of the collaboration. It has no external goal and cannot be decreed; it is strict intransitivity, it takes place, so to speak, for its own sake.

Collaborations are voracious. Once they are set into motion they can rapidly beset and affect entire modes of production. "Free" or "open source" software development is probably the most prominent example for the transformative power of collaboration to "un-define" the relationships between authors and producers on one side and users and consumers on the other side. It imposes a paradigm that treats every user as a potential collaborator who could effectively join the development of the code regardless of their actual interests and capacities. Participation becomes virtual: It is enough that one could contribute a patch or file an issue, one does not necessarily have to do it in order to enjoy the dynamics, the efficacy and the essential openness of a collaboration.

In the last instance, the democratic or egalitarian ambition has migrated into the realm of virtuality: Open source developer groups usually do not follow the patterns and rules of representative democracy, the radical notion of equality reveals in the general condition that everyone has instant and unrestricted access to the entire set of resources that form a development. The result is as simple as it is convincing: Those who disagree may "fork" and start their own development branch without loosing access to the means of production.

On the internet, distributed non-hierarchical information architectures are characterized as "peer-to-peer" (P2P) networks. They emerged in the 1990s and triggered a revolution of the conventional distribution model. These networks were first designed to exchange immaterial resources such as computing time or bandwidth, mainly in scientific academic contexts. Their aim was to overcome technological limits, incapacities and shortages by combining the existing free resources.

Since the late 1990s the same network architecture has been used to exchange relevant content: music and movies were distributed amongst ordinary personal computers that worked as both downstream and upstream nodes in mushrooming networks.

The enormous success of these projects, from "Napster" to "BitTorrent" - currently estimated to account for nearly half of the total of internet traffic - enabled people who do not know each other and probably prefer to not know each other to actually "share" their hard drives. In fact, their anonymous relationships are based on the irony of sharing, even in a strictly mathematical sense: due to lossless and cost free digital copying the object of desire is indeed multiplied rather than divided.

In the last instance collaborations are driven by the desire to create difference and refuse the absolutistic power of organization. Collaboration entails overcoming scarcity and inequality and struggling for the freedom to produce. It carries an immense social potential, as it is a form of realisation and experience of the unlimited creativity of a multiplicity of all productive practices.

The possibility of relating these notions of collaboration to contemporary education and pedagogy, have less to do with emulating their operating modes and more to do with their ability to inspire a realignment of the relations in the field. Not limited to the seeming good intentions and democratising impulses of the 'working together' dimension of collaboration, in education this might mean rethinking both the direction and flow of its activities. For example the shifting of the focus of attention away from the exclusive direction of instructor to instructed, or shifting the directions of the exchanges that take place towards a circulation that values everything that is already within it. It might also mean thinking education's outcomes away from previously established criteria and towards the ability to constantly affect and restructure its own field.

This text was previously published in: *Academy*, edited by Angelika Nollert and Irit Rogoff, Revolver Verlag, Frankfurt. 2007

Dobbelstenen van je leven:

Harvey Herman

voorbij
beige, paars,
rood
en blauw.

Een gesprek met **Slava Kozlov** - de oprichter van het in Nederland gevestigde onderzoeksbureau Summ()n - wiens toepassing van 'serious games' hulp biedt aan bedrijven en organisaties over de hele wereld, om beter inzicht te krijgen in de activiteiten van vandaag en om mogelijke scenario's van morgen speels onderzoeken. Met een brede professionele ervaring in innovatie, participatief ontwerp en studies van de toekomst, weet Summ()n tot inzichten te komen die kunnen leiden tot de ontwikkeling van tijdige producten, strategieën en vaardigheden.

U onderzoekt het gebruik van games als instrument voor ontwikkeling, hoe kan vorm daarin worden gedefinieerd?

In mijn ogen zijn spelletjes intrinsiek verbonden met maatschappelijke situaties. Maar omdat deze niet alleen evolueren in de tijd, maar ook evolueren in wisselende culturen, voel ik dat er geen echte universele definitie is, het is altijd contextueel ... Met dit in gedachte geloof ik dat het nuttig is om te verwijzen naar Spiral Dynamics - een populaire en goed gevisualiseerde theorie die een snapshot van de menselijke evolutie biedt, zowel op individueel als op maatschappelijk niveau.

Het Spiral Dynamics model is verdeeld in acht verschillende kleurfasen – de zogenaamde 'waarden'- het begint met beige onderaan en stijgt in complexiteit tot turquoise bovenaan. Elke fase heeft een bijbehorende set van waarden en dit kan zeer nuttig zijn bij het verkennen van de structuur en de psychologie van game design.

Harvey Herman

Als we kijken naar beige, bijvoorbeeld, vinden we een eenvoudige sociale structuur, zoals aanwezig in het begin van de beschaving. De games die we kunnen associëren met deze categorie zijn instinctief, op overleven gericht en niet al te complex. In feite zijn dit ook de eerste soort spelletjes die kinderen spelen: fysieke gevechten of gewoon rond rennen. Het belangrijkste doel hiervan is een bekrachtiging van de activiteiten die uiteindelijk zullen helpen overleven.

Paars, de volgende waarde, vertegenwoordigt een stadium waarin de mens is begonnen zich te vestigen en de sociale orde meer complex en gestructureerd is geworden. Deze spellen blijven een oefening, maar van sociaal gedrag; het wordt belangrijk om de regels te leren en te volgen. Deze fase weerspiegelt wederom een moment in de ontwikkeling van het kind: wanneer ze een spel zoals Slangen & Ladders beginnen te spelen. In dit spel is niets echt afhankelijk van de speler; alles wordt bepaald door de structuur van het speelbord en een dobbelsteen. Maar, genietend van de sensatie van het volgen van de regels, spelen jonge kinderen dit soort spellen eindeloos. Echter, als ze ouder worden, zullen dezelfde kinderen verveeld raken met een dergelijk format en zullen ze misschien proberen vals te spelen. In plaats van de regels te volgen, staan ze nu te popelen om te leren hoe de regels te breken en ze in te zetten met individuele vooruitgang als gevolg.

Dit brengt ons bij de concurrerende omgeving van de rode waarde: de leeftijd van helden. Hier dagen mensen de sociale orde uit, op zoek naar persoonlijke prestaties en overwinning. De bijbehorende spelletjes bevorderen concurrentie en belonen de winnaars met medailles en trofeeën.

De volgende fase van het model - de rationalistische blauwe waarde - kan worden geïllustreerd door een zeer interessant schilderij van Jean Ingres: het beeld van koning Frans I die Leonardo Da Vinci op zijn sterfbed bezoekt. Frans I was de machtigste koning in Europa, maar ook geloofde hij dat hij zou worden herinnerd als een tijdgenoot van Leonardo, een kunstenaar en ingenieur. Deze bewondering voor wetenschappelijke ontdekkingen is ook zichtbaar in de volgende fase spellen, die meer over het ontcijferen van raadsels gaan.

Eigenlijk kunnen we ook kijken naar schaken in het licht van deze fases. Eerst zul je schaken om de regels te leren, dan om het spel te winnen, maar daarna zullen veel mensen schaken als een puzzel zien. Minder geïnteresseerd in de overwinning, zien ze het als een verfijnd spel van het oplossen van problemen.

Zijn er belangrijke voorbeelden van spellen die veranderd zijn in reactie op de omringende maatschappelijke structuur?

Een duidelijk voorbeeld hiervan zijn de Olympische Spelen. Aanvankelijk bestonden de Spelen als een set van fysieke oefeningen, maar geleidelijk ontwikkelde dit tot meer ceremoniële rituelen. Voor de mensen van het oude Griekenland was het naspelen van een proces belangrijk: een weerspiegeling van de sociale stabiliteit en de status quo. Een paar honderd jaar later, werden de Spelen iets anders: competitief en vaak professioneel.

Het belangrijkste doel werd de overwinning met beloning en roem. De betekenis van hetzelfde spel veranderde met de omringende maatschappelijke bewegingen.

Een ander voorbeeld is Monopoly. Toen het spel voor het eerst werd gemaakt aan het einde van de 19de eeuw, vóór de invoering van de anti-monopolie wetgeving in Amerika, werd het echt gepresenteerd als een intellectuele oefening - een 'serious game' - met een morele agenda om de slechte natuur te bewijzen van een dergelijke zakelijke omgeving. Het spel werd uiteindelijk helemaal vergeten, maar vervolgens opnieuw geïntroduceerd in een veel-veranderde context: tijdens de Grote Depressie. In dit barre economische klimaat, werd het spel verkocht om bij te dragen aan een denkbeeldig gevoel van het verkrijgen van rijkdom. Door de veranderde omgeving had het spel een heel andere betekenis gekregen.

Kunt u het concept 'serious games' kort beschrijven en spreken over u denkt over hun algemene toepassing?

Hoewel spellen vaak uitsluitend als een vorm van entertainment worden gezien, hebben zij zeer krachtige kwaliteiten die kunnen worden toegepast op verschillende gebieden zoals onderwijs en burgerschap. Een 'serious game' is een spel dat is ontwikkeld voor een dergelijk doel. Hoewel ik een ware gelovige ben in deze cultuur van 'gamification' - ben ik me ook bewust van de risico's van misbruik ervan. Vaak worden games ontworpen met de aanname dat mensen intrinsiek staan te popelen om bonussen te verzamelen. Veel van de hedendaagse gamification methoden zijn sterk afhankelijk van de waarden zoals die gevonden worden in de individualistische oranje waarde van het Spiral Dynamics model – het stadium van de individualisering van de consumptiemaatschappij. Uiteindelijk klinkt mij een hypothese die leidt tot verschillende vormen van 'badgification' (het behalen van punten) wel erg simplistisch in de oren. Veel mensen zijn gedreven door consumentisme, maar tegelijkertijd zijn vele anderen op zoek naar meer dan alleen persoonlijk gewin. Dat is waarom we nu de opkomst van de groene waarde zien– meer collectivistisch en bezorgd over het grotere plaatje, of dat nou planetaire ecologie of de menselijke beschaving is. Als gevolg daarvan zijn we ook getuige van een toenemend aantal groene spellen, die samenwerking en verantwoordelijk gedrag omarmen.

Is er veel speculatie over verdere opkomende waarde sets binnen de Spiral Dynamics theorie?

De waardes schommelen altijd tussen collectivistische en individualistische set-ups: visueel gezien tussen de warme en koude kleuren van de spiraal. Nu zijn we volgens de theorie, op een uniek moment in de menselijke ontwikkeling beland. Sommige samenlevingen bereiken de zogenaamde integrale waardes. Geel is de eerste van deze; terwijl de maatschappij meer divers en complex wordt, zijn sommige mensen in staat zich aan te passen door het ontwikkelen van persoonlijkheden die meerdere waardes omhelzen. Ik verwacht dat de opkomst van meer games mensen in de ontwikkeling van deze 'meervoudige persoonlijkheden' zou kunnen helpen. De volgende - de turquoise waarde - manifesteert soortgelijke integratie, maar op een planetair niveau. De collectieve intelligentie van het wereldwijde internet maakt deze enigszins mogelijk.

Wat zijn de resultaten die normaal worden verwacht of waarop wordt gehoopt wanneer u een workshop geeft aan een bedrijf?

Een frequent verzoek is om mensen te helpen om meer ondernemend te worden. Ondernemerschap is zeer individualistisch en competitief en heeft veel te maken met het breken van de regels. Daarom zijn er bij de bouw van onze gameplay regels gecreëerd die aangevochten moeten worden, niet alleen gevolgd. Hiermee wordt de cultuur van de kleur rood bemoedigt. Aan de andere kant, als we werken met een typisch oranje, door rijkdom gedreven bedrijf, kunnen we de aandacht vestigen op de dimensies buiten de winst. We ontwikkelen dan oefeningen waarmee ze een groene wereld kunnen ervaren. Bijvoorbeeld door de gevolgen van bepaalde korte termijn beslissingen te tonen.

We hebben ook een workshop gespeeld met een groep van software engineers. De context was de veiligheid van de toekomstige slimme systemen. De positie van deze deelnemers was, in algemene termen, zeer blauw - zeer rationeel. We ontwikkelden een spel genaamd 'Internet of Dragons', een fantasiewereld bevolkt door verschillende mythologische volken - elfen, trollen en dwergen - elk met hun eigen specifieke kwaliteiten. De individuele teams moesten hun eigen 'toekomstige internet' bouwen, geïnspireerd door hun voorgeschreven waarden. Dit spel vond plaats in één kamer en dus begonnen de installaties onvermijdelijk met elkaar te botsen. Alles werd tamelijk dramatisch toen, vlak voor de teams op het punt van presenteren waren, de trollen - zij vertegenwoordigden de hackers - hun geheime wapen gebruikten: een schaar. Ze knipten een deel van de installatie van het team elfen af en de hele zaak stortte volledig in. Interessant is dat de onvermijdelijke ruzie die volgde, leidde tot een diepere discussie over de kwaliteiten die mensen belangrijk achten: de dingen die zij zien als mooi, en de dingen waarvan ze het waard vinden om ze uit te dagen. Het werd duidelijk dat de strijd tegen hackers niet gaat over het bouwen van sterkere muren, maar om hun zeer verschillende waardensystemen te begrijpen.

U stelt spellen ook voor als een middel om te kijken naar mogelijke toekomsten. Kunt u hier over uitweiden?

Games kunnen effectief worden gebruikt om mensen uit de aannames van vandaag te verheffen en die aannames tot iets anders te vormen. Onze taak is om mensen te helpen in het voorkomen dat de bouw van de toekomst een replica van het verleden is. Daarom zullen dergelijke oefeningen twee belangrijke doeleinden hebben: om mensen te helpen om anders te denken, en dan om anderen te overtuigen hun nieuwe ideeën te accepteren.

Een voorbeeld is een spel dat we ontwikkelden om een voorgesteld futuristisch concept te onderzoeken: een slimme membraan die rond gebouwen in sterk vervuilde steden gewikkeld kan worden. Dit membraan zou de lucht schoon maken, water opvangen en energie uit de wind en de zon opslaan. Om te zien hoe gedrag kan veranderen als reactie op het leven in deze potentiële omgeving, bouwden we een dergelijk gebouw in

de virtuele wereld van Second Life zodat mensen - of in dit geval Avatars – het konden ervaren.

Hoewel niet geheel realistisch, stelde deze speelse situatie mensen in staat om deze nieuwe wereld te ontmoeten en te begrijpen. Het spel stimuleerde ook de ontwikkeling van co-geconstrueerde nieuwe oplossingen, en hielp mensen om deze toekomst te zien, alsof het al gebeurd was.

Op welke manier denkt u dat onze betrokkenheid met, of onze behoefte om te spelen is gegroeid of veranderd in reactie op de digitale technologieën?

Aan de oppervlakte, heeft opkomst van de digitale platformen geleid tot veel games die werden gedreven door nieuwe technologieën. Wat we te vaak zien echter, is dat een nieuw medium wordt benaderd met oude recepten. Wat ik interessanter vind, is het enorme nieuwe gebied van verbonden online communities, die vele culturen en grenzen overstijgen. Een dergelijke cultuur kan ook leiden tot nieuwe vormen van gameplays die deze nieuwe hyper-realiteit onderschrijven en erop reflecteren. Dit is iets waar ik zeker meer van hoop te zien.

Dice up your life: beyond beige, purple, red and blue.

A conversation with **Slava Kozlov** — the founder of Netherlands-based research consultancy Summ()n — whose application of 'serious games' continues to help companies and organisations worldwide both to better understand the activities of today, and to playfully investigate possible scenarios of tomorrow. Drawn from wide-ranging professional experience across innovation, participatory design, and future studies, Summ()n's exercises look to provoke insights that can lead to the development of timely products, strategies and skills.

As someone who explores the use of games as a development tool, how do you go about defining the form?

In my view, games are intrinsically linked to societal situations; but as these not only evolve over time, but do so differently across varying cultures, I also feel there is no real universal definition t is always contextual… With this in mind, I believe it is helpful to refer to Spiral Dynamics — a popular and well-visualised theory that provides a quick snapshot of human evolution on both an individual and societal level.

The Spiral Dynamics model is split into eight different colour stages — known as 'value memes' — beginning with Beige at the bottom and rising in complexity up to Turqouise at the top. Each stage has an associated set of values and this can be very useful when exploring the structure and psychology of game design.

If we look at Beige, for instance, we find a simple social structure, reflecting that present in early civilization. The games we can associate with this category are similarly instinctual, survivalist and not very complex. In fact, these are also the first kind of games that children play: physical tussles or simply running around. The key purpose here is an enactment of activities that will ultimately help survival.

Purple, the next value meme, represents a stage when humans have begun to settle and the social order has become more complex and structured. Games here remain a rehearsal, but of social behaviour; it becomes very important to learn and follow the rules. This phase again mirrors a certain moment in child development: when kids start to play a game such as Snakes & Ladders. In this game nothing really depends on the player; everything is dictated by the structure of the board and a dice. But, enjoying the sensation of following the order, young children play this kind of game endlessly. As they get older, however, the same children become increasingly bored with such a format and may begin to cheat. Instead of just obeying the rules they are eager to learn how to break them and to make individual progress as a result.

This takes us to the competitive environment of the Red value meme: the age of heroes. Here, individuals challenge the social order in search of personal achievement and victory. The associated games promote competition and reward the winners with medals and trophies. The next stage of the model — the rationalistic Blue value meme — can be articulated by a very interesting painting: Ingres' image of King Francis I visiting Leonardo Da Vinci on his deathbed. Francis I was the most powerful king in Europe, but even he believed he would be remembered as a contemporary of Leonardo, an artist and an engineer. An admiration for scientific discovery has emerged and so the games here become more about decoding enigmas.

Actually, we can look at chess in view of these stages. You first play chess to learn the rules, then you play chess to win, then many people begin to play chess as a puzzle. Not so interested in victory, they see it as a sophisticated game of problem solving.

Are there some key examples of games that have altered in response to the surrounding societal structure?

A clear one is The Olympic Games. At first The Games existed as a set of physical exercises, but gradually developed in to more ceremonial rituals. What was important for the people of Ancient Greece was the mere re-enactment of a process: a reflection of social stability and status quo. A few hundred years later, The Games became a different thing: competitive and often professional. The main purpose became victory, rewards and fame. The meaning of the same game had altered along with the surrounding societal arrangements.

Another example is Monopoly. When the game was first created at the end of the 19th century, prior to the introduction of anti-monopoly laws in America, it was really posed as an intellectual exercise — a 'serious game' — with a moral agenda to prove the evil nature of such a business environment. The game was eventually completely forgotten, but then reintroduced in a much-altered context: during the Great Depression. In this harsh economic landscape, the game was sold to help bring an illusionary sense of gaining wealth. The altered environment had given the game a very different meaning.

Can you briefly describe the concept 'serious games' and how you feel about their general application?

Although widely perceived solely as a form of entertainment, games have long possessed very powerful qualities that can be applied to areas such as education or citizenship. A 'serious game' is a game developed of for such a purpose. While being a true believer in this culture of 'gamification' — I am also aware of the risks of its misuse. Often designed with the assumption that people are intrinsically eager to collect bonuses, a lot of today's gamification methods rely heavily on the values found in the individualistic Orange value meme of the Spiral Dynamics model — a stage reflecting the individualism of consumerist society. In the end, at least for me, a hypothesis that leads to various forms of 'badgification' seems very simplistic. While lots of people are of course driven by consumerism, many others seek something beyond mere personal gains. That's why, almost in opposition to this, we now see the emergence of the Green value meme — more collectivistic and concerned about the bigger picture, being that planetary ecology or human civilization. As a result, we are also witnessing an increasing number of Green games, embracing more collaborative and responsible behaviour.

Is there much speculation regarding further emerging value sets within the Spiral Dynamics theory?

The value memes have always oscillated between collectivist and individualistic set-ups: visually swinging between the warm and cold colours of the spiral. Now, according to the theory, we are at a unique point in human development where some societies are reaching what are called integral value memes. Yellow is the first of these; as society becomes more diverse and complex, some people are able to adapt by developing multi-valued personalities. I expect to see the emergence of more games that could help people in developing these 'multiple personalities'. The next — the Turquoise value meme — manifests similar integration, but on a planetary level. The collective intelligence of the global internet is enabling this somewhat.

Considering this wide variety of set-ups, what are the kinds of outcomes that are normally expected or hoped for when you go into a company with a workshop?

One frequent request is to help people to become more entrepreneurial. Entrepreneurship is deeply individualistic and competitive and has a lot to do with breaking the rules. Therefore, when building our gameplay, we create a ruleset that should be challenged, not merely followed: encouraging more of a Red culture. On the other hand if working with a typically Orange wealth-driven company we may want to draw attention to dimensions beyond the profit. In response, we might develop exercises that help them to experience a Green world, for example — showing systemic impacts of certain short-term decisions.

There was one workshop we played with a group of software engineers, where the context was the security of future smart systems. The position of these participants was, in basic terms, very 'Blue' — very rationalistic. We developed a game called 'Internet of Dragons', staging a fantasy world populated by different mythological races — Elves, Trolls, and Dwarves — each with their own distinct qualities. The individual teams had to build their own 'future internet' inspired by their respective prescribed values. This game was taking place in one room and so the installations inevitably began to clash with one another. Everything became quite dramatic when, just before the teams were about to present, the Trolls — really representing the hackers — used their secret weapon: scissors. They cut a section of the Elf team's installation and the whole thing completely collapsed. Interestingly, the inevitable argument that followed provoked a deeper discussion about the qualities that people deem important: the things they perceive as beautiful, and the things they feel are worth challenging. It became apparent that fighting hackers is not about building stronger walls, but about truly understanding their very different value systems.

You also propose games as a means of looking to potential futures. Can you perhaps expand on this notion?

Games can be effectively used to elevate people from today's assumptions and transcend them into something different. Our task is to help people to avoid building the futures as replicas of the past and, therefore, such exercises will have two key purposes: to help people to think differently, and then to convince others to accept their new ideas.

One example is a game we developed to investigate a proposed futuristic concept: a smart membrane that could be wrapped around buildings in highly polluted cities. This could allow you to clean the air, capture water and capture energy from the wind and the sun. In order to see how behaviour may change in response to living in this potential environment, we constructed one such building in the virtual world of Second Life for people — or in this case avatars — to experience.

Although not entirely realistic, this playful situation allowed people to encounter and understand this new world. The game also stimulated the development of co-constructed new solutions, helping people to see this future as if it had already happened.

In what ways do you believe our engagement with, potential for, or need for play has grown or altered in response to the pervasion of digital technologies?

On the surface, the emergence of digital platforms has brought about many games driven by new technologies. Too often, though, we see a new medium approached with old recipes. What I find more interesting is this huge new area of connected online communities, crossing many cultures and boundaries. Such a culture can also lead to new forms of gameplays that both reflect and endorse this new hyper-reality. This is something I certainly hope to see more of.

Onomatopee 117
Cabinet Project

Let's Start Playing The Game!

Organised by Freek Lomme in cooperation with the Flemish
Arts Centre de Brakke Grond, Amsterdam, The Netherlands, as
part of the programme *Hack / Play, a month in which we re-
write the rules*

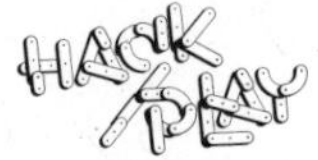

Exhibitions:
de Brakke Grond
April 16th – May 16th 2015
Onomatopee
June 5th – July 21st 2015

ISBN: 978-94-91677-37-3

Chief editor:
Freek Lomme, in collaboration with Veerle Devreese.

Editorial team:
Freek Lomme, Veerle Devreese.

Assistents:
Ran Hoogerwaard, Bouke Bloemen and Harvey Herman

Contributing authors and interviewers:
Florian Schneider, Freek Lomme, René ten Bos, Paul De
Bruyne, Petra Van Brabandt, Laurence Scherz and Harvey
Herman.

Contributing artists:
Heyheydehaas, Studio Julien Carretero, Thomas Lommée (in
collaboration with Yorit Kluitman), Uglycute, Mireia c. Saladrigues, John Körmeling, Ryan Gander and Aurélien Froment.

Exhibition design:
Anthony Kleinepier

Graphic design:
Strange Attractors Design:
Ryan Pescatore Frisk and Catelijne van Middelkoop

Texteditors:
Revka Bijl and Michel Langendijk

Translations:
Nanne op t' Ende and Mels Dees

Printing and lithography:
NEW GOFF n.v., Gent

Limited edition:
750

Made possible by:
Stichting DOEN

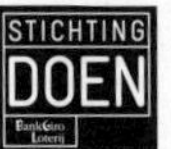

Distribution:

Anagram books (United Kingdom, Ireland and France)
contact@anagrambooks.com
www.anagrambooks.com

Vice Versa Distribution GmbH (DE, CH, AT, NL, Scandinavia)
info@vice-versa-distribution.com
www.vice-versa-distribution.com

múltiplos (Spain and Portugal)
info@multiplosbooks.org
www.multiplosbooks.org

Ram Publications (North America)
orders@rampub.com
www.rampub.com

Permimeter Distribution (Australia and New Zealand)
hello@perimeterdistribution.com
www.perimeterdistribution.com

Onomatopee (direct)
shop@onomatopee.net
www.onomatopee.net

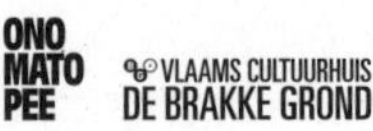